社労士YouTuberが教える!

正しい
会社の休み方

特定社会保険労務士

志賀直樹

Naoki Shiga

いちばんやさしい

休日・休暇・休業・休職

ガイド

はじめに

◉働くことと同じくらい、休むことも大事です

親愛なる会社員の皆さん、毎日のお仕事お疲れさまです！

雨の日も風の日も、暑い日も寒い日も、決められた日の決められた時間には必ず出社して、一所懸命お仕事をされていらっしゃることと思います。時には残業や休日出勤もあるかもしれません。会社や組織に雇用されて、従業員として働くって本当にたいへんなことですよね。

一方で、人生にはさまざまなイベント（出来事）があります。あなた自身やご家族の結婚、出産、育児。親の介護やお引越し。ご親戚のお葬式。お子さんの入学式や卒業式、運動会や授業参観などもあります。怪我をしたり病気になったりすることもあるし、ご家族で旅行に行くこともあるでしょう。そのためには会社を休まなくてはなりません。

また、もし長時間労働が続いたりすると、過労やストレスでメンタル不調を起こしたり、脳心臓疾患を発症することもあり得ます。業務の効率化を図り、日々の残業時間を短縮することも重要ですが、時々会社を休むことによって疲労回復とストレス解消を図ることはとても有効な対策となるのです。

そのために、会社には所定の休日だけでなく、休暇や休業、あるいは休職などの制度が用意されています。これらの制度を上手に利用すれば、仕事とプライベートの両立を図ることが可能になり、健康で充実した生活を送ることができるのです。

●日本人はまだまだ十分に休めていません

申し遅れました。私は志賀直樹と申します。雇用や労務に関する多数の資格を持っており、社会保険労務士法人の代表を務めています。

社会保険労務士というのは、簡単に言うと、会社が人を雇う際の諸問題についての国家資格。なので毎日、いろいろな会社の経営者さんからの「職場や従業員さんに関する質問や相談」に対応し、より良い職場作りのサポートをしています。

長年そんな仕事をしてきた私が痛感するのは、「働きやすい職場環境が会社発展の土台となる」ということです。従業員さんの幸せなくして会社の発展はあり得ません。そのために、仕事とプライベートの両立は、もっとも大事なことの1つだと言えるでしょう。しかし、ワークライフ・バランスの重要性が叫ばれて久しいですが、現実には仕事と生活の両立が十分に実現できているとは思えません。

例えば、年次有給休暇の取得率は62・1％（令和5年就労条件総合調査）とようやく6割を超えたところです。政府が目指している「2025年までに70％」の目標にはまだ遠く及ばず、世界的に見ても最低に近い水準となっています。

また、男性の育児休業取得率はだいぶ上昇してきたとはいえ、依然30・1％（令和5年度雇用均等基本調査）に過ぎません。どうかすると、いまだに男性が育児休業を取得できることを知らない人すらいるようです。まして「産後パパ育休」なんて聞いたこともない、という人も多いのではないでしょうか。

◉正しい知識で賢く休んで、タイパの良い人生を！

私は顧問先の従業員さんとお話をする機会も多いのですが、もっとも多く質問されるのは「休み」に関するものです。皆さん、インターネットなどでいろいろ調べられているのですが、残念ながら自分に有利な情報だけをつなぎ合わせて、都合の良い解釈をしているケースも少なくありません。その結果、会社と無用なトラブルを起こしてしまう方もいらっしゃいます。また、それぞれの制度の違いや利用法がよく分からず、十分に活用できていない方が多いのも事実です。

そこで、皆さんに正しい知識を身に付けていただき、賢く休んでいただきたいとの思いから、この本を書きました。本書は、休日・休暇・休業・休職といった、会社を休むためのいろいろな制度について、違いや特徴、ルールなどを、従業員の皆さん向けに分かりやすく説明した「会社の休み方の教科書」です。本書を読み進めていただければ、どんな時にはどんな休み方をすれば良いのか、誰でも理解できるように書かれています。

休む時は休み、仕事をする時は集中して仕事をすることで、成果はしっかりと挙げられるはずです。まさにタイパ（タイムパフォーマンス＝時間対効果）の良い人生が実現するのです！

皆さんが、いろいろな会社の休み方を上手に使い分け、スマートに会社を休んで素晴らしい人生を送られることを願っています。

志賀直樹

令和6年7月

第1章 いろいろな会社の休み方を上手に活用しよう

第2章 「休日」のルールについて知っておこう

第3章

「休暇」の取り方をマスターしよう

第4章

会社を休む万能ツール「年次有給休暇」の基本

第5章 「年次有給休暇」の応用知識も押さえておこう

第6章

出産や育児、介護のための「休業」を取ろう

第7章 会社の都合や仕事中の事故による「休業」も知っておこう

第8章

長期の療養には「休職」を利用しよう

第1章

いろいろな会社の休み方を上手に活用しよう

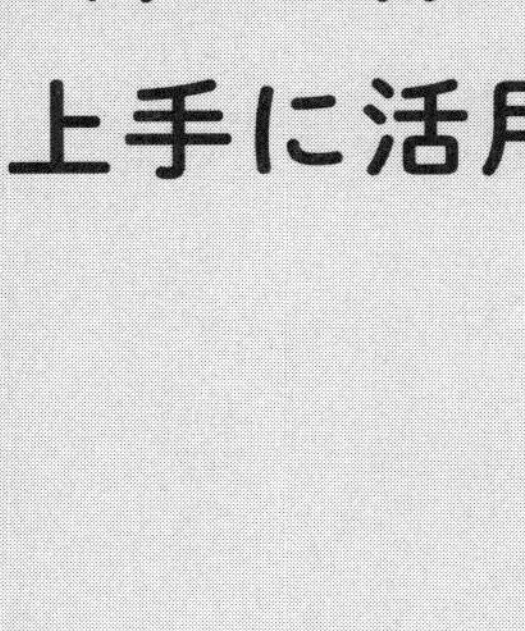

1

子どもが病気なら欠勤しても仕方ないですよね？

◉理由があれば休んでも当然？

あなたが毎日子どもを保育園に預けてから出社する会社員だとします。

ある朝、子どもが熱を出しました。これでは保育園は預かってくれません。運悪く、その日は配偶者や親も都合が悪く、協力を得ることは難しそうです。当然ながら、熱がある子どもを放っておくわけにはいきません。病院に連れていき、家で1日面倒を見なければならなくなってしまいました。

「やむを得ない、会社を休むしかない」

誰だって、そう決断しますよね。

そこであなたは会社に電話して、欠勤することを伝えました。電話に出た上司は「そうか、しょうがないな。それでは今日は欠勤だね。お子さん、お大事に」と言ってくれましたが、少々不機嫌そうでした。

「仕方ないじゃないか、こっちだって休みたくて休むわけじゃないんだから」

そんなふうに思ってしまう人も多いと思います。

●実は「当然に欠勤する権利」はない

しかし、実は「やむを得ない事情があれば欠勤してもしょうがない」とは言い切れないのです。なぜなら法律的には、会社に勤めている人は、勤務日に「当然に欠勤する権利」は持っていないから……意外に思われるかもしれませんね。

皆さん、普段はあまり意識されていないと思いますが、会社に雇われて働くということは、会社と労働契約を結び、決められた日には「労働力の提供」という義務を果たすことなのです。つまり「何曜日の何時から何時まで職場に出てきて仕事をしますよ」と約束をしているわけなのです。会社員であるならば、この約束は守る必要があります。

とはいえ、会社に長く勤める間には、さまざまなことが起きますよね。自分自身や家族の体調不良、その他にも会社を休まなくてはならない事情がたくさん出てくるでしょう。そのような場合に、ただ単に「欠勤」をすると、その日のお給料がもらえないばかりか、マイナス評価をされて、損をしてしまいます。遅刻や欠勤が多いことを勤怠不良と言いますが、勤怠不良は人事評価の際にマイナス評価の対象となり、昇給や昇格、賞与にも影響することがあります。先ほど説明したように、労働契約を結んで働いている従業員には、所定の休日以外には当然に会社を休む権利はないからです。

●休む権利のある休み方をすればマイナス評価されない

では、どうしたら良いのでしょうか？

答えは、休む権利のある休み方をする、ということになります。

例えば、土日祝日がお休みの会社に勤めている方は、これらの日には当然に休むことができます。これを休日と言います。休日であれば堂々と休めますよね。

しかし、さまざまなイベントや用事、あるいは体調不良は、都合よく休日にだけ発生するわけではありません。その場合は会社に設けられている、休むための制度を使います。

会社には休日以外にも、休暇、休業、あるいは休職といった制度があります。これらをうまく活用して、堂々と休むのです。休む権利のある休み方、つまり、マイナス評価されないような休み方をすることがポイントになります。

そのために、皆さんには会社を休むため各種の制度について、正しい知識を持っていただきたいと思います。それぞれの制度の違いや使い方を十分に理解して、上手に活用すれば、会社とトラブルになったりすることもなく、スムーズに会社を休むことができるのです。

例えば冒頭のようなケースなら、年次有給休暇が使えるならそれを取得し、無理であれば「子の看護休暇」という制度を利用する、というのが「正しい休み方」です。本書では、会社との約束を守りながら、上手に休む方法をこれからたっぷりと説明していきます。

2

会社を休むための制度にはどんな種類があるの？

◉大きくは休日・休暇・休業・休職の4つ

会社には仕事を休むためのいろいろな制度がありますが、大きくは主に休日・休暇・休業・休職の4つに分けられます。

これらは無条件に利用できるわけではありません。どのような事情で会社を休むかによって、制度を使い分けていくことが必要になります。それぞれの詳しい解説は後述しますが、ここでは代表的な例をご紹介します。まずは、全体のイメージをつかんでください。

●休日……就業規則や雇用契約書で決まっている、働く義務がない日。完全週休2日の会社なら例えば土曜、日曜など。飲食店などの接客業では、シフト制と言って曜日が固定されていない場合もあります。

●休暇……年次有給休暇が代表例。冠婚葬祭などで使える慶弔休暇や子の看護休暇、介護休暇などもあります。会社によってはリフレッシュ休暇やボランティア休暇、バースデイ休暇などを独自に設けている場合もあります。

●休業……女性が出産前後に取得する産前産後休業など。条件にあてはまれば、育児休業や介護休業なども取得できます。会社の都合で休業を指示される場合もあります。

●休職……私傷病（仕事中や通勤中以外のプライベートにおける怪我や病気）による休職が典型的な例。会社の判断で、療養に専念するため在籍のまま一定期間の勤務が免除されます。

◉どの制度を使うと良いかは、3つの基準で判断しよう

このように、会社を休むための制度はたくさんあるのですが、それではどの制度を利用すべきなのか、どうやって判断すれば良いのでしょうか？

判断基準としては、「会社を休む目的」「休む期間」そして「休んでいる間の所得補償の有無」の3つがあります。

①会社を休む目的

あなたが何のために会社を休もうとしているのか、会社を休む目的によって使うべき制度は変わってきます。

例えば、自分自身の結婚や親戚のお葬式のために休むなら慶弔休暇。1歳未満の子を育てるための育児休業。休日に休むのは当然なので理由はいりませんが、本来は勤務日である日に遊びに行くために休むなら年次有給休暇を取得しなければなりません。

②休む期間

休む期間がどれぐらい長いのかによっても、選択肢が変わってきます。病気で数日間休むなら年次有給休暇を取得すれば良いのですが、療養が長期間にわたるなら休職制度が活用できると良いでしょう。年次有給休暇の日数には限りがあるからです。

③休んでいる間の所得補償の有無

休んでいる間にお給料が出るのか出ないのか、あるいは何らかの給付金がもらえるのかを知っておくことも大切です。

例えば慶弔休暇は有給の会社が多いのですが、中には無給としている会社もあります。自分の会社のルールを調べて、有給なら年次有給休暇を温存して慶弔休暇を利用した方が良いですが、もし無給なら年次有給休暇を利用した方が得だということになります。

育児休業など、無給になるけれど、雇用保険から給付金がもらえる休み方もあります。

3

休日と休暇って違うんですか？

◉違いはもともと労働義務があった日かどうか

私たちが普段使う言葉としては、休日も休暇も似たような意味ですよね。「何が違うの？」と思うかもしれません。

でも、実は「会社を休む制度」を表す言葉としては、休日と休暇はまったく違うものなんです。

●休日

就業規則や雇用契約書であらかじめ定められている、もともと労働義務がない日です。

例えば「土日祝日や年末年始は仕事がお休みである」と決められていれば、その日は休日となります。当然に休むことができる日です。もし休日に出勤を命じられて仕事をしたならば、その分の賃金を会社から支払ってもらえます。通常は、１・25倍または１・35倍の割増賃金となることが多いでしょう。

●休暇

もともと労働義務があって、その労働義務を免除された日のことを言います。ですから、休日には休暇は取得できないことになります。休日はもともと労働義務がないですからね。

また、休暇には「法定の休暇」と「任意の休暇」があります。法定の休暇は法律によって決まっている休暇です。一方、任意の休暇は、会社が独自に設けている休暇で、特別休暇とも呼ばれます。それぞれの代表例としては、次のものが挙げられます。

> **●法定の休暇の例**……年次有給休暇、子の看護休暇、介護休暇、生理休暇など
> **●任意の休暇の例**……慶弔休暇、リフレッシュ休暇、バースデイ休暇、ボランティア休暇など

◉休日なのか、休暇なのかで残業代の計算が変わってくる

ところで、お盆前後に「夏季休暇」というお休みがある会社は多いでしょう。この夏季休暇、休暇と呼んでいますが、実は休日であることもあるのです。

試しに、あなたの会社の就業規則の休日の条文を見てみましょう。

第○条（休日）
休日は以下の通りとする。
①土曜日
②日曜日
③国民の祝日
④年末年始
⑤夏季休暇

もしこのように書かれていた場合、⑤の夏季休暇は、休暇でなく休日です。もともと

労働義務がない日、当然に休んでいい日となります。本来は、夏季休日とか夏休み、お盆休みなどと呼んだ方が紛らわしくなくて良いかもしれませんね。

「どうせ休めるんだから、休日か休暇かを気にする必要があるの？」

そんなふうに疑問に思った方もいるかもしれませんが、実は、この区別は大切なのです。なぜなら、そのお休みが休日なのか、休暇なのかで残業代の計算が変わってきてしまうからです。ちょっと難しい話になりますが、詳しく説明しましょう。

まず、１日の所定労働時間が８時間だとすれば、残業単価は次の計算式で求めます。

（基本給＋諸手当）÷（年間の所定労働日数÷12×8）×１・25＝残業単価

そして、この式の中の「年間の所定労働日数」は、３６５日（閏年は３６６日）から年間休日数を引いて求めます。

３６５－年間休日数＝年間の所定労働日数

つまり、夏季休暇が休日であるなら、年間休日数が増え、年間の所定労働日数が減り、その結果、残業単価が上がるのです。同じ残業時間でも、もらえる残業代が増えるというわけです。休日か休暇か、意外と大事ですよね。

4 休暇と休業、休職の違いがよく分かりません！

◉休暇と休業は期間の違い

休暇と似たものに、休業があります。例えば、産前産後休業や育児休業、介護休業などが有名ですよね。皆さんも聞いたことがあると思います。では、これらの休業は休暇とどう違うのでしょうか？

実は、法律上、休暇と休業は厳密に区分されているわけではありません。ただ、一般的に、休暇は「１日単位での取得を想定したもの」、休業は「ある程度まとまった期間連続して取得することを想定したもの」というように言葉が使い分けられているのです。参考までに、以下に例として原則的な休業期間の上限を示しておきます。

- 産前休業……産前6週間（双子以上は14週間）
- 産後休業……産後8週間
- 育児休業……原則子が1歳に達する日まで
- 介護休業……対象家族1人につき通算93日間

いかがでしょうか？　数週間から約1年間程度のある程度長い期間、会社をお休みするイメージですよね。休業に関しては第6章、第7章で詳しく説明します。

●休職は法律で定められた制度ではない

一方、休職は従業員に何らかの事情があり、労務提供ができなくなったと会社が判断した場合に、在籍扱いのまま一定期間の労働義務を免除する制度です。多くの場合、従業員がプライベートでの怪我や病気のために働けなくなった時に、しばらくの間療養に専念する目的で休職制度が利用されます。

ポイントとしては、これは法律で定められている制度ではないということ。会社が任意で設けている制度のため、休職の理由や期間、手続きなどはそれぞれの会社の就業規則で定められています。休職制度がない会社もあります。

また、ある程度まとまった期間の労働義務が免除される点で休業と似ていますが、休業が会社の都合や法律上の制度に基づいて労働義務が免除されるのに対し、休職は従業員側の個人的な理由での労務不能を会社が認めるものである点で異なっています。

もし休職制度がなかったら、労務提供ができない、つまり労働契約上の義務を果たせなくなったわけですから、契約解除、つまり解雇になってしまうかもしれません。しかし、解雇は会社にとっても従業員にとってもショックが大きいので、できれば避けたいものなのです。その意味で、休職制度は解雇を一定期間猶予するための制度であるとも言えます。

休職に関しては第8章で詳しく説明します。

5

休んでいる間もお給料をもらえるの？

●「有給の休暇」と「無給の休暇」がある

先ほど、休暇には「法定の休暇」と「任意の休暇」があるというお話をしました。

もうひとつ別な切り口で考えると、休暇には「有給の休暇」と「無給の休暇」があります。休んでいる間のお給料が出るのか、出ないのかという違いです。これは大きな違いですよね。

法律上、必ず有給でないといけない休暇は1つだけ、年次有給休暇です。それ以外の休暇はすべて、有給にするか無給にするかは会社が決定していいことになっています。

ただし、決定したら就業規則に規定して、常にその処理をしなくてはなりません。

もっとも、「会社が決めていい」と言っても、例えば慶弔休暇やリフレッシュ休暇、ボランティア休暇など、会社が任意で設ける特別休暇は有給であることが多いです。無給だとすると「それなら年次有給休暇を取得した方が良い」と考える人が多くなり、せっかく設けた制度なのにあまり利用する人がいなくなるからです。

それに対し、生理休暇、介護休暇、子の看護休暇などの「法定の休暇」は、無給であることが多いです。表に例を挙げて整理してみましょう。

●「無給の休暇」でも取得するメリットはある

「無給の休暇」を取得した場合、休んでいる日のお給料はもらえません。もし休暇を取得せず、ただ単に欠勤した場合も、お給料は欠勤控除され減額されます。つまり、その日は無給になるわけです。どちらにして

「有給の休暇」と「無給の休暇」

	法定の休暇	任意の休暇
必ず有給	年次有給休暇	
有給でも無給でも可	子の看護休暇、介護休暇、裁判員休暇、生理休暇、通院休暇など	夏季休暇、慶弔休暇、リフレッシュ休暇、ボランティア休暇、バースデイ休暇など

も無給であることに変わりありません。

では、無給の休暇など取得しないで、普通に欠勤しても同じことなのでしょうか？

それは違います。

有給であれ無給であれ、休暇を取得した日は労働義務が免除されています。つまり、その日は休む権利がある日であって、堂々と休んでいい日ということになります。

それに対して欠勤は、労働義務が免除されていませんので、本当は働く義務があるのに関わらず、その義務を果たさなかった日ということになります。これは厳しく言えば、労働契約違反ということですので、ペナルティの対象となってしまうのです。つまり、マイナス評価をされて、昇給、昇格、賞与などに悪い影響があります。

ですから、同じ無給だとしても、休暇を取得して休んだ方が良いのです。

◉休業や休職は無給でも給付金が受けられることも

また、無給だからといって何もお金が受け取れないとは限りません。

休業の中には、無給ではあっても、条件を満たせば給付金などが受けられるものがあります。例えば、表のようなものです（それぞれの休業の詳しい内容は第6章、第7章で説明します）。

それから、私傷病、つまり仕事中や通勤中でないプライベート中の怪我や病気で休職する場合、医師が労務不能を証明してくれれば、健康保険から傷病手当金が受けられる場合があります。休職中は一般に無給になりますので、療養中の生活を支えてくれる、ありがたいセーフティネットです（傷病手当金については第8章で詳しく説明します）。

休業中にもらえるお金

どんな時に？	名称	どこから？
産前産後休業	出産手当金	健康保険
育児休業	育児休業給付金	雇用保険
介護休業	介護休業給付金	雇用保険
会社の都合による休業	休業手当	会社
仕事中の怪我による休業	休業補償給付	労災保険
私傷病休職	傷病手当金	健康保険

6

やっぱり就業規則を見ておいた方が良いですか？

◉休日や休暇のことは就業規則に必ず書いてある

休日や休暇に関することは、就業規則に必ず書かなければならないことになっています。つまり、就業規則を見れば、正しい休み方が書いてあるというわけです。ですから、やはり就業規則は確認しておいた方が良いと思います。

チェックポイントは、以下の通りです。

●休日について

「何曜日が休日なのか？（あるいは特定されていないのか？）」「祝日は休日になっているのか？」などが規定されているはずです。第2章で詳しく説明しますが、法定休日、振替休日などについても確認が必要です。

●法定の休暇について

法定の休暇に関しては必ず書いてあるはずですが、年次有給休暇以外は有給か無給かは就業規則の定めによるので、確認してみてください。「有給だと思っていたのに……」などの行き違いが防げます。

また年次有給休暇についても、付与日や申請のルールが会社によって異なりますし、取得した日に支払われる賃金も就業規則に書いてあるはずです。よく確認しましょう。

●任意の休暇について

会社が任意に設けている休暇はどんなものがあるかも調べておいてください。慶弔休暇は多くの会社で設けられていますが、ない会社もあります。リフレッシュ休暇やボランティア休暇などは会社によって設定がまったく違います。有給か無給かも含めてよく確認しておきましょう。

●休職について

多くの会社に休職制度がありますが、休職のルールについても就業規則に規定しなければならない決まりになっています。休職の期間、休職中の賃金、復職の手続きなど、万一に備えて確認しておいた方が良いでしょう。

●適用対象について

各種の制度が誰に対して適用されるのかを確認するのも大切です。つまり、特別休暇や休職制度などが、全従業員に適用されるのか、それとも正社員にだけ適用されてパートタイマーは利用することができないのか、ということです。この点も就業規則に記載されていますので、しっかりと確認しておいてください。

◉就業規則はいつでも見せてもらえる権利がある

このように、休日、休暇、休業、休職をフルに使いこなすためには、就業規則を読んでしっかり理解することがとても大切です。

ただ、もしかしたら皆さんの中には、自分の勤めている会社の就業規則を見たことがない、という人がいるかもしれません。「うちの会社に就業規則なんてあったかなぁ?ないんじゃないのかな?」と思っている人もいるのではないでしょうか。

しかし、従業員10人以上(パートを含む)の事業場では、必ず就業規則を作成し、従業員代表者の意見を聞いたうえで、労働基準監督署に届けなければならないことが法律で決まっています。そして、その就業規則を従業員に周知しなければなりません。周知とは「従業員が見ようと思えばいつでも見られる状態にあること」を言います。

ですから、皆さんは就業規則をいつでも見せてもらうことができるのです。さっそく、どうすれば就業規則を見られるのかを会社に聞いて、内容を十分に確認してみてください。できればコピーを入手しておき、会社を休む際には、その都度確認すると良いと思います。

7 休憩時間に関するルールも教えてください！

◉休憩時間は法律で決まっている

休憩時間は、労働時間が6時間を超える場合は45分以上、8時間を超える場合は1時間以上与えなければいけないことになっています。つまり、労働時間がちょうど6時間であれば休憩はなくても良いわけです。また、ちょうど8時間であれば休憩は45分で良いことになります。

ただし、現実には所定労働時間が8時間であるのに、お昼に1時間の休憩を与えている会社が多く見られます。これは、少しでも残業して労働時間が8時間を超えた時に、ただちに違法になることを避ける意味もあるのでしょう。

また、休憩は1回で与える必要はなく、何回かに分けて与えて、合計が必要な時間を満たしていれば違法にはなりません。例えば、10時と15時に10分ずつの休憩がある場合は、お昼の休憩は40分でも、合計1時間の休憩が取れていることになります。

ちなみに、休憩は法定の時間より長くても違法ではありません。実際に、歯医者さんや飲食店で働く人は2時間、3時間の休憩を取っていることがあります。

休憩に関しても、就業規則に必ず書いてありますので、確認しておいてください。

●休憩と認められるには3つのルールを満たす必要がある

なお、法律的に休憩だと認められるためには、次の3つのルールを満たす必要があります。これらのルールを満たさなければ休憩とは認められず、休憩時間にカウントされません。

①休憩は労働時間の途中で取る

休憩は仕事中の疲労を回復させることが目的ですから、必ず労働時間の途中に取らなければなりません。例えば「9時始業、18時終業、休憩は12時から13時の1時間」という会社で、「お昼の休憩はいらないから、17時から18時を休憩にしたい（つまり17時で帰りたい）」ということはできません。

②休憩時間は自由に利用できる

休憩時間とは労働から完全に開放されている時間を言います。そうでなければしっかりとした休息は取れませんよね。

したがって、皆さんは休憩時間を自由に利用できます。もし、お昼休みに電話番などをやらされていたら、それは休憩時間とは言えません。

ただし、休憩時間中の外出を届出制にすることなどは認められています。

③休憩は全員一緒に取る

休憩はすべての従業員が一斉に取ることになっています。

ただし、以下の業種については、従業員が一斉に休憩を取っていたらお客さんが困るので、一斉に取らなくてもいいとされています。

運輸交通業、商業、金融広告業、映画演劇業、通信業、保健衛生業、接客娯楽業、官公署

また、会社と従業員の代表者との間で書面による協定（これを労使協定と言います）を結んだ場合は、休憩を一斉に取らなくても良くなります。

●夜勤中の仮眠時間は休憩時間に認められる？

夜間の業務に従事される人の場合、仮眠時間が設けられていて、勤務の途中で仮眠を取ることがあります。この場合、仮眠時間は休憩時間になるのでしょうか？

もし、その時間中は労働から完全に開放されていて、ただ寝ていれば良いのであれば、休憩時間となります。

しかし、仮眠時間中に電話がかかってきたり、警報が鳴ったりした場合に対応しなければならないのであれば、労働から完全に開放されているとは言えないので、労働時間

とみなされる可能性があるのです。

なお、実際には作業をしていない時間であっても、何かあればいつでも対応しなければならない状態で待機している時間を「手待ち時間」と言います。手待ち時間は休憩ではなく、労働時間なのです。

第2章

「休日」のルールについて知っておこう

1 土曜と日曜、どちらに休日出勤した方がお得ですか？

◉そもそも毎週必ず2日の休みがあるとは限らない

第1章でも説明した通り、休日とは、もともと労働義務がない日のことを言います。労働する義務がないので、「堂々と休んで良い日」というよりも「休むのが当然の日」だと言ってもいいでしょう。

あなたの会社では、いつが休日でしょうか？　休日については就業規則や雇用契約書に必ず書かれているので、確かめてみましょう。例えば「休日は土曜日・日曜日・祝日とする」などのように定められているはずです。

一般に、毎週必ず2日の休みがある制度を「完全週休2日制」と言います。それに対し、2日の休みがある週が月に1回以上ある制度を「週休2日制」と言います。ただし、これは法律用語ではなく、一般的にそう区別されることが多いというだけです。

●完全週休2日制の会社が多い理由

世の中では、完全週休2日制の会社が多いので、休日は週に2日間必要だと勘違いしている人もいるようです。しかし、実際には週休2日制の会社があることからも分かるように、必ずしも休日が週に2日ないと違法というわけではありません。

では、なぜ完全週休2日制の会社が多いのでしょうか？

それは、会社が従業員を働かせていい時間は、原則として1日8時間、週40時間までだからです。この時間を超えて従業員を働かせた場合は、時間外労働扱いとなり、会社は割増賃金を支払わなければならなくなります。

そのために、1日の所定労働時間を8時間にしている会社が多いのです。そして、1日8時間働いた場合、5日で40時間となってしまうので、残り2日を休日としているわけです。

これが、もし1日の所定労働時間が6時間30分だとしたら、週に6日働いたとしても週の労働時間は39時間ですから、休日は1日だけで良いことになります。

◉「週に1日も休日なし」はNG

では、仮に1日の所定労働時間が5時間30分だとしたら、週に7日働いたとしても週の労働時間は38時間30分ですから、休日は0日でもいいのでしょうか？

実は、これはNGです。なぜなら、法律（労働基準法）で「休日は週に1日以上、または4週に4日以上与えなければならない」と定められているからです。

そして、この週1日または4週4日の休日のことを「法定休日」と言います。法律で定められた、最低でも与えなければならない日数の休日という意味です。

一方、それを超えて与えられた休日のことは「所定休日（法定外休日）」と言います。

ちなみに、あなたの会社が「週に1日以上」と「4週に4日以上」のどちらを採用しているかは、就業規則を見れば分かります。4週4日にする場合は、例えば「毎年4月1日を起算日とし、4週間を通じて4日の休日を与える」などのように、就業規則に定めなくてはいけないからです。つまり就業規則に何も書いていない場合は、週1日以上の休日が必要です。

◉法定休日と所定休日では割増賃金率が違う

ここで、「同じ休日なのに、法定休日と所定休日を区別する必要があるの？」と思った人は鋭いです。

実は、法定休日と所定休日では、休日出勤した時の割増賃金率が違うのです。

法定休日労働は、35％の割増賃金率が適用されます。

一方、所定休日労働は、週40時間オーバーの時間外労働扱いとなり、25％の割増賃金率が適用されます。

ただし、会社によっては所定休日労働にも35％の割増賃金率を適用する場合もあります。また、時間外労働が月60時間を超えた部分については50％の割増賃金率となります。

◉土曜日は法定休日？　所定休日？

分かりやすいように、具体例で考えてみましょう。

あなたが1日の所定労働時間が8時間で、毎週日曜日と土曜日が休日である完全週休2日制の会社に勤めていたとします。ここで休日出勤した場合の割増賃金率は何％になるでしょうか？

①土曜日だけ休日出勤した場合

就業規則に特に定めがなければ、週は日曜日から始まって土曜日で終わります。つまり、このケースでは、日曜日にお休みし、月曜日から土曜日まで働いたことになります。日曜日にお休みが取れているので、法定休日は日曜日となります。そのため、土曜日は所定休日となり、25％の割増賃金率が適用されます。

②日曜日に休日出勤し、土曜日にも休日出勤した場合

この場合、まず日曜日に出勤した時点では、土曜日にお休みできる可能性があるので、日曜日は所定休日となり、25%の割増賃金率が適用されます。

その後、土曜日にも休日出勤したことで、週に1日の休日が取れないことが確定するので、後から休日出勤した土曜日が法定休日となり、35%の割増賃金率が適用されます。

ただし、会社によっては、就業規則で「法定休日は日曜日とする」などと規定していることがあります。この会社で日曜日に出勤したとすると、たとえ土曜日が休めていても、法定休日労働となり、35%の割増賃金率が適用されます。

このように、法定休日と所定休日の区別は難しく、会社の給与計算の担当者でも割増賃金率を間違えることがあるので、損をしないよう、就業規則をよく確認しておくと良いでしょう。

※本書では法定の最低限の割増賃金率を表記しています。

2

土曜・日曜・祝日が休日でなくてもいいの?

◉何曜日を休日にするかは会社の自由

さきほど説明したように、労働基準法で定められている休日に関するルールは「休日は週に1日(または4週4日)以上与えなければならない」ということだけです。「何曜日を休日にしなければならない」などということは定められていません。したがって、このルールさえクリアしていれば、会社は何曜日を休日にしても構わないのです。

確かに多くの会社が完全週休2日制で、土曜日と日曜日を休日にしています。しかしサービス業などでは、世間の人々がお休みの日こそ稼ぎ時ですから、土曜・日曜は出勤日となっていて、その他の平日が休日になっていることが一般的です。このような場合は、当然ですが、土曜日や日曜日に働いても休日労働の割増賃金はもらえないのです。

今まで「当然、土曜日と日曜日は休日のはず」と思っていた人も、これからは就職や転職の際に注意してください。その会社の休日が何曜日なのか、事前に確認した方が良いでしょう。家族や友人と予定が合わせやすい方が良い、と考える人も少なくないと思います。

◉国民の祝日も、必ずしも会社の休日ではない

もしかしたら、「国民の祝日は必ず休日でないといけない」と思っている人もいるかもしれませんね。確かに、国民の祝日に関する法律には「国民の祝日は休日とする」と定められています。それに、実際に祝日を休日としている会社も多いです。

でも、実はこれも義務ではありません。

正確に言えば、国の行政機関や地方公共団体などにおいては、国民の祝日に関する法律で休日とされた日は、休日とすることが定められています。国民の祝日が日曜日にあたった時は、その直後の平日が休日となります。また、国民の祝日に挟まれた平日も、休日となります。

ところが、民間企業においては、これらの日を休日にすることは義務ではないのです。日曜日と同様、皆が休んでお出かけをする祝日こそ稼ぎ時の業種では、出勤日になっているケースが多いでしょう。

そんな時、法律の「国民の祝日は休日とする」という部分だけを見て勘違いし、「うちの会社はおかしい」などと文句を言うと、問題社員になってしまうので注意してください。正しい知識を持つことが大切です。

◉休日になる曜日を特定しない会社もある

さきほど「休日は何曜日でも良い」と説明しました。では、例えば「休日は火曜日と水曜日とする」などのように、何曜日が休日かを特定しておく必要はあるのでしょうか?

何曜日が休日なのか事前に分かっていれば先々の予定も立てやすいですし、毎週規則的に同じ曜日が休日である方が、生活のリズムも整いやすくて良いですよね。なので、多くの会社の就業規則では、休日の曜日が特定されています。

ところが実は、これも必ずしも義務ではないのです。

実際に飲食業などの業種では、シフト制と言って、例えば1か月ごとに勤務表が作成され、出勤日と休日が不規則に決定されることもあります。これも違法ではありません。

なお、このような仕事に就く場合は、会社がシフト表を作成する前に、休みたい日の希望を出しておけば、ある程度それを反映させてくれることもあるでしょう。

3 休前日に日をまたいで残業したら休日出勤になるって本当？

●休日は暦日単位でカウントする

休日に関する大切なルールに「午前0時から午後12時までの24時間」、つまり暦日単位で取得するというものがあります。たとえ終業時刻から次の始業時刻まで24時間以上のインターバルがあったとしても、暦日で1日休めていなければ、それは休日とは認められません（3交代制勤務の場合など一部の例外を除く）。

例えば、所定労働時間が10時から19時までとして、休日の前日に6時間残業して午前1時まで働いたとします。すると午前0時～午前1時の1時間は休日に食い込んでしまっていますから「午前0時から午後12時までの24時間休む」ことはできませんよね。

したがって、その休日は取得できなかった（休日労働をした）という扱いになるのです。

●夜勤明けの「明け休み」は休日ではない

夜勤のお仕事をされる方の場合、夜勤明けは休みになることが多いかと思います。「明け休み」などと呼ばれることもあるようです。しかし、これも、暦日1日分労働から解放されていなければ、休日とはなりません。

例えば、日勤が8時～17時、夜勤が18時～3時のシフト制で考えてみましょう。ある日夜勤で働いて、その日はそれ以降、日勤も夜勤もしなかったとします。いわゆる「明け休み」というわけです。この日は、休日になるでしょうか？

もうお分かりだと思いますが、その日は0時から3時までの3時間労働してしまっていますので、暦日1日分休んだことにならず、休日にはなりません。「明け休み」が休日扱いされていないか、出勤簿などを見て確認してみてください。

●休日出勤が日をまたいだ場合は、割増賃金率に注意しよう

それでは、休日出勤が日をまたいだ場合は、どうでしょうか？

例えば、土曜日と日曜日が休日の会社があったとします。分かりやすいように、法定休日は日曜日と特定されているとしましょう。ここで月～金まで40時間働いた従業員が、土曜日の午前9時に出勤し、そのまま日曜日の午前3時まで勤務が継続した場合を考えてみます。

このように午前0時をまたいで、継続した勤務が2暦日にわたった場合には、始業時間がある日の1勤務として扱われます。ただし、休日はあくまで暦日単位で適用されるので、日曜日の午前0時から午前3時の3時間は法定休日労働となり、35％の割増賃金率が適用されます。つまり、以下のようになります。

- 土曜日の午前9時～午後10時……時間外労働25％の割増
- 土曜日の午後10時～午後12時……時間外労働25％＋深夜労働25％＝50％の割増
- 日曜日の午前0時～午前3時……法定休日労働35％＋深夜労働25％＝60％の割増

日をまたぐ勤務が多い方は、自分の給与計算が正しく行われているか、時々チェックし、疑問点があれば会社の担当者の方に確認してみると良いでしょう。ただでさえたいへんな勤務をされているのですから、もらえるべき割増賃金は不足なく受け取ってください。

4

振替休日と代休って何か違うんですか？

●休日が事前に変更されるのが「振替休日」

振替休日と代休は、どちらも「もともと休日だった日に仕事をして、代わりに別の日に休む」というものです。なので、その違いを意識していない人も多いでしょう。しかし実は、振替休日と代休には明確な、そして大事な違いがあります。まず、振替休日から説明しましょう。

振替休日とは「休日と決まっている日を、あらかじめ会社の指示で労働日に変更し、代わりに他の労働日を休日に変更すること」を言います。つまり、会社が事前に休日と労働日を入れ替えるというものです。

会社が休日の振替をするためには、就業規則に「業務の都合等により休日を他の日に振替えることがある」旨を規定しておき、必ず事前に振替える必要があります。

従業員側にとってのポイントは、「あくまで休日が他の日に移っただけなので、休日出勤にはならない」ということです。

例えば、法定休日が日曜日である会社で、日曜日にやらなければならない業務が発生したとします。そこで会社が日曜日を労働日に変更し、代わりにその週の火曜日を休日に振替えたとすると、この週の法定休日は火曜日ということになるのです。なので、日曜日の労働は法定休日労働にはなりません。

●休日出勤の後で与えられるのが「代休」

一方、代休とは、法定休日労働が行われた後に、その代償として会社が他の日に休ませることを言います。代休は法律上の義務ではなく、会社が任意で就業規則に定めるもので、通常は無給のお休みとなります。

ポイントは「法定休日労働が行われた後に与えられる」ということ。つまり法定休日労働が発生しているので、（その後に会社が従業員に代休を与えたとしても）休日労働の割増賃金が支払われなくてはなりません。

この点を勘違いして、「後で代休を取っていいぞ」の一言で割増賃金を支払わない会社も時々見られますので、皆さんも注意してください。

なお、代休は「労働日の労働義務が免除される」ことなので、「休日」ではなく「休暇」であると考えられます。

◉振替休日と代休ではもらえる賃金の額が変わる

つまり、振替休日と代休では、もらえる賃金の額が変わるのです。仮に日給を1万円だとして計算してみましょう。

日曜日の法定休日が、事前に火曜日に振替えられた場合（振替休日）であれば、日曜日は労働日ですから、通常の賃金1万円が支払われます。休日割増は発生しません（ただし、他の週の労働日と振替を行ったりすると割増賃金が発生する場合もあります）。

一方、日曜日に休日出勤し所定労働時間働いた後、代わりに火曜日に休んだ場合（代休）なら、日曜日の労働分には休日労働の割増35％が発生し、1万3500円が支払われなくてはなりません。振替休日なのか代休なのかによって、３５００円も賃金が変わってしまうのです。

このように、振替休日と代休をきちんと区別できないと損してしまうかもしれませんので、どちらなのかはっきり区別できるようにしておくと良いでしょう。見分けるポイントは、お休みが「事前」に変更されたのか、「事後」に与えられたのか、です。

振替休日と代休

（振替休日）

日	月	火	水	木	金	土
法定休日	労働日	労働日	労働日	労働日	労働日	所定休日
↓		↓				
労働日		法定休日	※事前にチェンジ！			

（代休）

日	月	火	水	木	金	土
法定休日	労働日	労働日	労働日	労働日	労働日	所定休日
↑		↑				
休日労働		事後に無給の休暇を与える				

5

年次有給休暇を申請したら代休を先に取るように言われたんですが……

◉代休と年次有給休暇はどちらが優先するか

所定労働日に会社をお休みしたい場合、休日出勤の代休を取る以外に、年次有給休暇を取得するという方法もあります。

では、もしあなたが所定労働日に年次有給休暇を取得しようとしたところ、会社から「以前休日出勤した時の代休をまだ取っていないので、その日は代休を取るように」と言われたとしたら、どうすれば良いのでしょうか？

まず法律的な話をすると、会社の指示に従う必要はありません。なぜなら、年次有給休暇はいつでも好きな時に取得することができるからです。

会社がこれを拒否できるのは「事業の正常な運営を妨げられる場合」のみです。つまり、あなたがその日、年次有給休暇を取得して会社を休むと、会社の正常な運営ができなくなってしまう場合だけなのです。「その日は代休を取って休め」と言っているのですから、そのようなことはないはずです。

あとは、あなたの考え方次第です。代休は無給であることが多いので、有給である年次有給休暇を取得したいのであれば、その旨を会社に伝えて、堂々と年次有給休暇を取得してください。逆に、その日は休めれば無給でも良いのであれば、年次有給休暇を温存して、会社の言う通りに代休を取ってもいいでしょう。

●休日に年次有給休暇を取得することはできない

なお、年次有給休暇はいろいろある休暇のうちの1つです（詳しくは第4章と第5章で説明します）。第1章で説明したように、休暇とは「もともと労働義務があって、その労働義務を免除された日」のことでしたね。なので、年次有給休暇は、もともと労働義務がある日（所定労働日）にしか取得することはできません。つまり、もともと労働義務がない休日には、年次有給休暇を取得することはできません。

「わざわざそんなことしないよ」と思うかもしれませんが、もしあなたが今勤めている会社を退職する時に、自分の持っている年次有給休暇の残日数をすべて消化したいと考えているなら、このことはよく覚えておいてください。休日以外の日で残日数がすべて消化できるように、退職日を設定する必要があるのです。

●休日出勤を命じられた日にも年次有給休暇は取得できない

それでは、もし休日に休日出勤を命じられたとしたら、その日に年次有給休暇を取得して休めるでしょうか?

実は、これもできないのです。休日出勤を命じられたからといって、休日が所定労働日に変わるわけではないからです。

ただし、会社が休日出勤を命じるためには、就業規則に休日出勤命令の根拠となる規定が定められていなければなりませんし、時間外労働・休日労働に関する労使協定(通称36協定)の範囲内でないといけません。休日出勤を拒否したい場合には、こういったことを確認してみるのもいいかもしれません。

6 休日の社員旅行に参加したくないのですが……

◉原則は自由参加

会社の福利厚生として、休日を利用して社員旅行などの行事が行われることがあります。こうした行事は従業員同士の親睦を図るなどの目的で行われるので、会社から「全員参加」と言われることもあるでしょう。

そんな時、「せっかくの休日なのにわざわざ会社の行事に参加したくない……」と考える人も多いのではないでしょうか？

まず前提として法律的な話をすると、休日は本来、労働義務のない日ですから、会社の指揮命令下にありません。

つまり、このような社員旅行は原則として自由参加です。必ずしも参加する必要はありません。行きたい人だけが自分の意志で参加すればいいのです。

●強制参加なら休日出勤になることも

ただし、いくつか例外となる場合もあります。主なパターンを、以下に説明しましょう。

①強制参加の場合は休日出勤扱い

もし社員旅行に参加しなければ欠勤扱いになる等、何らかのペナルティがある場合には、参加が強制されており、会社が休日出勤命令を出していると見なされます。つまり、その旅行は休日出勤とされ、休日出勤の賃金が発生することになります。

仮に形式的には自由参加がうたわれていたとしても、上司からのプレッシャーなどにより欠席を言い出しづらい状況であれば、実質的には強制参加と見なされることもあります。

②自由参加でも幹事に任命された場合は休日出勤扱い

社員旅行自体は自由参加だったとしても、あなたが社員旅行の幹事役に任命されて、事前の企画や、いろいろな施設への手配・交渉、旅行先での引率などを担当することになったらどうでしょうか？　これらの行為は会社の指示を受けて行っていると考えられますし、幹事であるあなたが欠席するわけにはいきませんよね。

この場合は、他の社員は自由参加扱いであっても、幹事のあなたは業務を行っていることになり、休日出勤の扱いとなります。

③代わりの休みがある場合は通常勤務扱い

例えば土曜日・日曜日が休日の会社が、その日を社員旅行の日として、代わりに月曜日と火曜日を休みにしたとします。この場合は会社が休日の振替を行ったことになり、土・日は出勤日になります。つまり、社員旅行に行かないと欠勤扱いになってしまいます。

ただし、所定労働時間を超えて拘束されていたなら、残業代が発生します。

◉休日に行われる社内運動会も同じこと

なお、ここでは社員旅行を例に出しましたが、他の行事でも同じことです。昭和時代には大企業中心に「社内運動会」がよく実施されていました。社員の結束を強めるなどの目的があったのだと思いますが、だんだんと若い世代に敬遠されるようになり、一時期は廃れていました。ところが最近、再び社内運動会を実施する企業が増えてきているようです。

この社内運動会が休日に行われる場合も社員旅行と一緒で、参加が義務付けられていて、不参加の際には欠勤扱いになるなど何らかのペナルティがあるならば、それは業務となり、賃金が発生します。

会社がきちんと休日出勤の賃金を払うか、休日の振替を行ってくれれば良いのですが、そうでない場合は、賃金の支払いをお願いするか、それが言い出しにくければ、せめて代休の取得を申請してみてはいかがでしょうか。

7 休日の接待ゴルフは休日出勤になりますか？

◉ゴルフをプレーすること自体は業務ではない

営業上の理由などから、接待ゴルフを行う会社は少なくありません。それも、得意先の都合を考慮して、休日に行われることが多いようです。接待ゴルフを通じて、取引先との関係が円滑になり、営業成果につながることも多いかと思います。

では、休日に接待ゴルフに参加した場合は、休日出勤したことになるのでしょうか？

実は、接待ゴルフは業務との関連性が強いと言えども、ゴルフをプレーすること自体はレジャーの一種であるとされ、休日労働としては扱われません。会社の意向を踏まえて、あるいは立場上やむを得ず休日をつぶして接待ゴルフに出かけても、自分の意思で行っている「遊び」と扱われてしまうのです。

ゴルフが大好きな従業員さんであればともかく、あまり好きではない方、苦手な方、家族と過ごす時間を大切にしたい方にとっては、ちょっと納得しにくいですよね。

◉ゴルフにかかる費用も通常は自分持ちになる

上司から「お客さんに迷惑かけないように練習しておけよ」などと言われて、練習場代がかかることもあるでしょうし、ラウンド前にはボールも1ダースは用意しなければならないでしょう。場合によってはクラブやウェアを購入する必要が出てくるかもしれません。しかし、レジャー扱いであるが故に、これらの費用も通常は会社から出してもらえず、自腹になることが多いのです。

さらに、ラウンド後の懇親会に参加したとしても、労働時間にはならず、賃金が支払われることはありません。

こういうことがどうしても我慢できない人は、最初からゴルフはやらない、できない、と逃げ続けるのも1つの作戦です。ゴルフ以外の方法でも、取引先との関係作りはできるはずです。「ゴルフはからきし苦手です。自分が行ったら取引先に迷惑をかけて怒らせるに違いありません」と言い続ければ、しまいには声がかからなくなるでしょう。

逆にゴルフを趣味にしてしまうのも手かもしれませんね。賃金にこだわらずその時間を楽しんでしまうのです。こういう方も実際には大勢いるようです。

●ゴルフコンペへの参加が労働時間になる場合がある

ただし、次のような場合は、接待ゴルフコンペの時間が労働時間と認められ、休日出勤として扱われる可能性があります。

①会社の業務命令で参加する場合

その接待ゴルフが業務上必要なものであるとして、明確な会社の業務命令で参加するような場合には、休日出勤の賃金が発生するだけでなく、ラウンドフィーなど、ゴルフにかかった費用は会社負担になります。

②自分自身はプレーをしないでお世話役をする場合

自分自身はプレーをせず、会社の指示で、お世話役として準備や運営に従事した場合は、業務を行っているわけですから、休日出勤となり、賃金が支払われることになります。

もしこれらに該当しているにも関わらず、会社が何も支払ってくれない場合はどうしたら良いでしょうか？

まずは、会社の総務部や人事部に、休日出勤にあたるのではないか「質問」してみてください。明確な回答が得られない場合は、「確認」をお願いしてみてください。どうしても賃金の支払いが難しい場合は、代休の取得が可能かどうか、上司に「相談」してみるのも良いと思います。

接待ゴルフに限りませんが、会社の対応に疑問がある場合でも、知識を振りかざして責め立てるよりも、このような対応で良い結果が得られることが多いものです。

8 休日に出張先へ「前乗り」した場合は休日出勤になりますか？

●業務上やむを得ず休日に移動したらどうなる？

例えばあなたが、土日休みの会社の東京本社に勤務していたとします。ある時、仙台への出張を命じられ、仙台支店で行われる月曜日の午前9時からの会議に出席しなくてはならなくなりました。

月曜日に出発していては間に合わないと考えたあなたは、休日である、前日の日曜日のうちに新幹線で仙台まで移動してホテルに宿泊し、月曜日の会議に臨むことにしました。いわゆる「前乗り」ですね。この場合、この移動は休日出勤にあたるのでしょうか？

本来であれば日曜日は自宅で家族とのんびり過ごしたかったとしても、仕事のためやむを得ず、休日に1人仙台へと向かったわけです。この移動時間に対しては、休日出勤の割増賃金が支払われるはずだと考えても無理はありません。

◉単なる移動だけであれば休日出勤にはならない

ところが、休日に出発し、新幹線や飛行機に乗って、出張先へ移動しているだけの時間は、労働時間とはならないのです。つまり、休日出勤にはなりません。

これはなぜかと言うと、移動中の時間は自由に利用することができ、会社の指揮命令下にはないとされるからです。

乗り物の中などでは、雑誌を読んでいても、スマホでゲームをしていても、寝ていても自由です。その日には業務がないので、スーツを着ている必要もなければ、なんなら缶ビールを飲んでいても良いはずです。

自宅から現場まで直行直帰する場合の移動時間が労働時間にならないことと似ていますね。いわば、通勤時間と同じような扱いになると言えるでしょう。

ただし、いくら移動中は自由に過ごせるといっても、家でくつろいでいるのとは違って、目的地に向かう乗り物の中にいなければならないなど、一定の拘束は受けていると考えられます。交通費や宿泊費などの出張旅費はもちろん、移動日の日当や何らかの手当は支給されるべきでしょう。もし、それらの支給がない場合には、会社に「相談」してみてください。

◉何らかの指示を受けていれば労働時間になる

ただし、会社から何らかの指示を受けて移動している場合は、労働時間として扱われることがあります。

例えば、業務に使用する機材や物品等を持って移動した場合や、現金や貴金属その他の貴重品を監視しながら運搬した場合などです。また、出張先への移動に上司が同行していて、乗り物の中で打ち合わせを行っていたり、指示を受けてノートパソコンで書類作成をしていた場合なども該当します。

このように移動中に何らかの業務を行っていた場合には、会社からの指示を受けた労働時間と認められて、賃金が支払われる可能性があります。運搬した物品の写真を撮影しておくとか、打ち合わせ内容と時間を記録に残すなどしておくと良いでしょう。

◉所定労働時間内の移動は労働時間として扱われる

なお、誤解しないでいただきたいのですが「単なる移動時間は労働時間として扱われない」というのは、休日などの所定労働時間外の話です。所定労働時間内、つまり本来の勤務時間内に出張先への移動を行った場合には、当然、労働時間として取扱われます。その時間分、賃金が不就労控除されるなどといったことはありません。

ただし、勤務時間中なので、もちろん電話やメールで業務指示がくれば対応しなければなりません。残念ながら、移動中に缶ビールを飲んだりすることは許されないと思いますよ。

第 3 章

「休暇」の取り方をマスターしよう

1
休暇って法律で保証されているんですよね？

◉法定の休暇と任意（法定外）の休暇がある

休暇とは、労働義務がある日（所定労働日）のうちで、労働義務を免除された日のことを言います。もっとも有名な休暇は年次有給休暇ですよね。それ以外にも、介護休暇や生理休暇、慶弔休暇など、さまざまな休暇があります。

では、休暇はすべて法律で定められているのでしょうか？

第1章でも少し触れましたが、休暇には法律（労働基準法や育児・介護休業法など）で定められた「法定の休暇」と、法律で決まっておらず会社が任意で定めている「法定外の休暇」があります。

どちらの休暇も、法律や就業規則で利用できる条件が決まっています。そして、休暇は基本的に「従業員が申請すると」取得できる（会社を休むことができる）制度です。ですから、会社にどんな休暇制度が用意されていて、どのような時に利用できるかを知っておくことはとても大切なのです。

●いろいろな法定休暇

法定外の休暇については、のちほど説明するとして、ここではまず法定の休暇をご紹介します。法律で定められた法定休暇は、条件を満たした従業員から請求があったら、会社は原則として必ず与えなければなりません。どのようなものがあるのか、見ていきましょう。

①年次有給休暇（労働基準法第39条）

入社日から6か月以上経過し、全労働日の8割以上出勤した場合に付与される、有給の休暇です。年次有給休暇については第4章と第5章で詳しく解説します。

②生理休暇（労働基準法第68条）

生理日の就業が著しく困難な女性が請求した時に、与えられる休暇です。すべての女性労働者が取得できます。

③裁判員休暇（労働基準法第7条）

裁判員に選ばれた場合、その職務を行うために必要な時間を確保するために取得する休暇です。「公民権行使の保障」について定めた、労働基準法第7条が根拠になっています。

④通院休暇（男女雇用機会均等法第12条）

母子保健法に定める保健指導または健康診査を受けるために、妊娠中および産後1年を経過していない女性が請求した場合、与えられる休暇です。

⑤子の看護休暇（育児・介護休業法第16条の2）

小学校就学前（2025年4月以降は小学校3年生まで）の子どもが病気や怪我をし

た際に、通院や看病をするために取得できる休暇です。予防接種や健康診断などのためにも利用できます。未就学児1人につき年5日まで、2人以上なら年10日まで取得でき、1日単位だけでなく、時間単位でも取得可能です。

⑥介護休暇（育児・介護休業法第16条の5）

要介護状態にある家族の介護や世話をするために取得できる休暇です。対象となる家族1人につき年5日まで、2人以上なら年10日まで取得でき、やはり時間単位での取得も可能です。

この他、産前産後休業や育児休業、介護休業なども法定の休業ですが、詳しくは第6章で説明します。

なお、これらの中で必ず有給、つまり休んでも給料がもらえるのは年次有給休暇だけです。それ以外は、有給か無給かは会社の規定によりますが、無給であることが多いと思います。

◉就業規則に規定がなくても法定休暇は取得できる

常時10人以上の従業員を雇用する事業場は、就業規則を作成して所轄の労働基準監督署に届け出なければなりませんし、法定休暇は就業規則に必ず記載されていなければなりません。なので就業規則を見れば、どんな法定休暇があるかは確認できるはずです。

ただ実際には、これらの法定休暇を取得しようとして就業規則を確認したところ、取得したい法定休暇についての記載がないこともあります。あるいは、就業規則の作成そのものがされておらず、確認することができないこともあるかもしれません。

このような場合、その休暇を取得することはできないのでしょうか？

いいえ、そんなことはありません。

もし、年次有給休暇や生理休暇などについての記載がなく、会社に聞いても「うちにはそのような休暇制度はないよ」などと言われても、なにしろ法律で決まっている休暇ですから取得することができます。「社労士が書いた本で読んだんですけど……」と申出て、「確認」をお願いしてみても良いかもしれません。

2 生理休暇は何日くらい取れるんですか？

◉医師の証明がなくても取得できる

生理休暇は、生理日にお腹が痛い、頭が痛いなど、仕事に行くことが困難な女性従業員が申請すれば取得できる法定休暇です。

労働基準法には「使用者は、生理日の就業が著しく困難な女性が休暇を請求した時は、その者を生理日に就業させてはならない」と規定されています。つまり、生理日であれば必ず休めるわけではありません。生理日に、体調不良など「就業が著しく困難」な状態にある場合に休暇を申請できるのです。

ただし、診断書などの医師の証明は、特に必要ありません。当日に電話して、口頭で申請すればＯＫです。メールなどでも大丈夫な会社もあるので、あらかじめ申請ルールを確認しておきましょう。

生理日に生理痛などが本当につらくて生理休暇を申請しているのに、「本当に生理痛なのか?」などと疑われたり、症状を根掘り葉掘り聞かれたとすれば、それはセクシャルハラスメントに該当する可能性もありますので、会社のハラスメント相談窓口に相談することも考えられます。

◉日数、回数の制限はない

また、生理休暇は、パートタイマーやアルバイトなどの雇用形態に関わらず、女性なら誰でも利用できます。年齢の制限もありません。

そして、1か月に取得できる回数の制限も、「1回あたり何日まで」という日数の制限もありません。生理日における苦痛の状況などは、人によってバラバラだからです。もし、就業規則にそのような制限が定められていたとしても、法律違反なので無効です。

なお、1日単位だけでなく、半日単位や時間単位で取得することもできます。

◉休暇中の賃金は会社によって違う

生理休暇中の賃金については、無給か有給か、就業規則の定めによります。無給のケースの方が多いようですが、「1日目は有給だが2日目以降は無給」などのパターンもあります。事前に就業規則を確認しておきましょう。

もし生理休暇が無給であって、年次有給休暇がたくさん残っているのであれば、そちらを取得した方が良いかもしれません。通常、年次有給休暇は事前申請が原則なのですが、体調不良の場合などは、当日申請で認めてくれる会社も多いかと思います。それが無理であれば、やはり生理休暇を取得し、欠勤扱いにならないようにするのが良いでしょう。

3

妊娠中の通院のために休みたいのですが……

◉妊産婦が健康診査等を受けるための休暇

妊娠した女性は、母体や胎児の健康のため、保健指導または健康診査を受ける必要があります。通院休暇は、そのための時間を確保するためのものです。

妊娠中および産後1年を経過していない女性を「妊産婦」と言いますが、妊産婦が申請すると、産科の診察や検査と、その結果に基づいて行われる保健指導（以下「健康診査等」と言います）を受けるために、通院休暇を取得できます。有給か無給かは会社の規定によります。

◉取得できる回数は妊娠週数によって決まる

通院休暇を取得できる回数は、妊娠週数によって決まっています。具体的には以下の通りです。

- ●妊娠23週まで……………4週間に1回
- ●妊娠24週から35週まで……2週間に1回
- ●妊娠36週から出産まで……1週間に1回
- ●産後1年間……………医師または助産師が指示する回数

ただし、妊娠中も、医師または助産師がこれと異なる指示をした時は、その指示に従って、必要な時間を確保することができます。

申請方法は会社のルールによりますが、通常は①通院の月日、②必要な時間、③医療機関等の名称・所在地、④妊娠週数、などを書面に記入して申請するのが一般的です。

会社に申請用紙などを確認してみてください。事前申請が原則になります。

この場合の「必要な時間」には、健康診査等を受ける時間だけでなく、移動時間や待ち時間も含まれます。

◉賃金の有無と取得単位は会社によって違う

通院休暇の取得単位、つまり1日単位か、それとも半日単位や時間単位でも取得できるかは賃金の有無と同様、会社の規定によります。損をしないよう、しっかり確認しておいてください。

もし通院休暇が無給で、1日単位でしか取得できないとすると、通院休暇を取得すると1日分の給料が減額されてしまうことになります。時間単位での取得ができれば、必要な時間だけ取得できるので、給与の減額幅も抑えられます。

無給の場合には給料の減額を避けるため、自分の判断で、会社の休日に健康診査等を受けることも構いません。もちろん、年次有給休暇を利用して所定労働日に健康診査等を受けることも可能です。

●通勤緩和や勤務軽減などが受けられる場合もある

なお、通院休暇の取得以外にも、健康診査等で医師から指導を受けた場合、会社に申請して通勤緩和や勤務軽減などを受けることができます。例えば以下のようなものです。

①妊娠中の通勤緩和（時差通勤、勤務時間の短縮等）
②妊娠中の休憩に関する措置（休憩時間の延長、休憩回数の増加、時間帯の変更等）
③妊娠中・出産後の症状等に対応する措置（作業の制限、勤務時間の短縮、休業等）

医師が行った指導の内容を、会社に的確に伝えるため、主治医が発行した「母性健康管理指導事項連絡カード（母健連絡カード）」を活用しましょう。

4 裁判員に選ばれたら会社は休んでいいですよね？

◉必要な日数の休暇が取得できる

裁判員制度とは、国民の中から選ばれた裁判員が刑事裁判に参加し、裁判官とともに、被告人が有罪か無罪か、有罪の場合にはどのような刑にするのかを判断する制度です。

労働基準法では「使用者は、労働者が労働時間中に、選挙権その他公民としての権利を行使し、または公の職務を執行するために必要な時間を請求した場合においては、拒んではならない」としており、裁判員の職務は「公の職務を執行する」ことにあたるため、そのための休暇を取得することができます。「裁判員休暇」という名称で法律に明記されているわけではありませんが、公民権行使の保障を定めた労働基準法第７条が根拠になって認められるとされています。

したがって、もしあなたが裁判員候補者になった場合や、裁判員または補充裁判員になった場合には、会社に請求し裁判員休暇を取得することができます。

裁判員制度で裁判員候補者になった場合、辞退しなければ選任手続きに参加することになります。この手続きは1日で終わります。

さらに、そこで選任されると、裁判員として実際に裁判の審理に参加することになります。審理にかかる実日数はまちまちです。最近は長期化する傾向にあるようです。

いずれの場合も、必要な日数の休暇を取得できます。

◉裁判員休暇は有給としている会社が多い

裁判員休暇中の賃金に関しては、有給にするか、無給にするか、会社の判断に委ねられています。就業規則などで確認しておいてください。

ただし、国は有給とすることを推奨しており、実際に裁判員休暇を導入している会社の中では、有給としている割合の方が高いようです。

なお、裁判員が裁判所に行く場合には、日当と旅費（交通費）が支払われます。つまり、もし裁判員休暇が有給である場合には、日当と給与を両方受け取ることになります。報酬の二重取りになるのではないかと思われるかもしれませんが、これは問題ありません。

この日当は、裁判員としての職務等を遂行することによる損失（例えば保育料やその他の諸雑費等）を一定の限度内で弁償・補償するものであり、裁判員としての勤務の対価（報酬）ではありませんので、二重取りにはならないのです。

また、例えば1日の給与が1万5000円で、裁判員の日当が1万円と、給与の方が高い場合には、裁判員休暇中の賃金として差額（5000円）のみ支給する、ということは認められています。ただし、逆に1日の給与が8000円で、日当が1万円と、日当の方が高い場合に、その差額（2000円）を会社に納めさせることは認められません。万一、そのようなルールになっていたら「法律違反のようですよ」と「情報提供」してあげましょう。

◉裁判員になったことを会社に報告しても問題ない

ちなみに、裁判員でいる間は、裁判員に選ばれたことを公にすることは禁止されています。そのため、休暇を申請するためとはいえ、上司や同僚に裁判員になったことを伝えて大丈夫か心配する人もいるようです。

結論から言うと、問題ありません。ここで言う「公にする」とは、インターネット上で公表するなど、不特定多数の人が知ることができるような状態にすることを指します。裁判員休暇を申請するために、上司や同僚に裁判員になったことを伝えたり、裁判所から送付される呼出状を見せたりするのは「公にする」ことにはあたらないので、安心してください。

5

子どもの看護や、家族の介護のためにお休みはもらえますか？

●子どもが病気や怪我をしたら「子の看護休暇」が取得できる

小学校就学前の子を養育する労働者（日雇従業員を除く）は、1年度につき5日（子が2人以上の場合は10日）まで、病気や怪我をした子の看護をするため、または子に予防接種や健康診断を受けさせるために、休暇を取得することができます。これを「子の看護休暇」と言います。

病気や怪我を証明する書類としては、必ずしも医師の診断書でなくても、医療機関の領収証などでも認められます。

なお、法改正により2025年4月以降は、小学校3年生までの子を養育する労働者も子の看護休暇を取得することができ、取得理由も学級閉鎖や入学式などまで拡大されます。

◉家族の介護のためには「介護休暇」が取得できる

また、要介護状態にある対象家族の介護や世話をする労働者（日雇従業員を除く）は、1年度につき5日（対象家族が2人以上の場合は10日）まで、介護や世話を行うために休暇を取得することができます。これを「介護休暇」と言います。

通院の付添いや介護サービスの手続き、ケアマネージャーとの打ち合わせにも利用できます。

なお、要介護状態とは負傷、疾病または身体上もしくは精神上の障害により、2週間以上の期間にわたり常時介護を必要とする状態にあることを言います。また、対象家族は配偶者（事実婚を含む）、父母、祖父母、子、孫、兄弟姉妹および配偶者の父母です。

◉子の看護休暇と介護休暇に共通のルール

子の看護休暇と介護休暇は、どちらも育児・介護休業法という法律に定められています。そのため、どちらにも共通してあてはまることがいくつかありますので、以下に整理しておきましょう。

①取得できる人

契約社員やパートタイマーなどの雇用形態に関わらず、誰でも取得できます（日々雇入れられる者を除く）。ただし、労使協定が締結されている場合には、次の方は対象外となります。

- ●入社6か月未満の労働者
- ●1週間の所定労働日数が2日以下の労働者

これらに該当する方は、休暇を申請する前に、労使協定が締結されているかどうか、会社に確認してみてください。なお、法改正により2025年4月以降は、労使協定が締結されている場合でも、入社6か月未満の労働者は子の看護休暇や介護休暇を取得できます。

②日数の数え方

日数を数える時の「1年度」とは、会社に特に決まりがない場合には、毎年4月1日から翌年3月31日となります。

③取得単位

1日単位だけでなく、時間単位でも取得できます。ただし、労使協定が締結されている場合には、下記の方は時間単位での取得はできません。

●時間単位で取得することが困難と認められる業務に従事する労働者

なお、勤務時間の途中から休暇に入り、また戻ってきて勤務を再開することを「中抜け」と言いますが、この「中抜け」が認められるかどうかは会社の規定によります。確認しておきましょう。

④申請時期

当日に、口頭でも申請できます。必要な書類は事後に提出してください。

⑤賃金

有給か無給かは、会社の規定によります。もし無給の場合は、年次有給休暇を活用することを検討しても良いでしょう。

6 冠婚葬祭のためなら休めますよね？

◉実は「慶弔休暇」の設定は任意

慶弔休暇は「けいちょうきゅうか」と読みます。結婚や出産などの慶事（お祝い事）や、通夜や葬儀などの弔事（お悔やみごと）があった時に取得できる特別休暇です。

法定休暇ではなく、会社が任意に設定する休暇なので、すべての会社で設けられているとは限りません。ただし、従業員の福利厚生の意味合いで設けられる休暇であり、厚生労働省のモデル就業規則にも規定されているので、多くの会社で取り入れられています。

どういう時に何日取得できるかは、就業規則の定めによります。一般的には、本人の結婚、妻の出産、家族や親戚の死亡などがあった時に、所定の日数を休むことができます。

正社員だけでなく、契約社員やパートタイマーなど、雇用形態に関わらず同様に取得できるのか、それとも何か違いがあるのかも、会社によって違います。事前に就業規則をよく確認しておきましょう。

有給か無給かも就業規則の定めによりますが、有給としているケースが多いと思います。もし無給だとしたら、多くの人は慶弔休暇を利用せず、年次有給休暇を取得するはずだからです（ただし年次有給休暇の残日数がない場合には、無給であったとしても慶弔休暇を取得することで、欠勤扱いになることを避けられます）。

◉慶弔休暇の規定例

慶弔休暇のルールは会社によってさまざまですので、以下に就業規則の規定例を示し、それに沿って解説していきましょう。

第○条（慶弔休暇）
1　従業員が次の事由に該当し、事前に申請した場合には、次の通り慶弔休暇を与える。
①本人が結婚する時……5労働日
②子が結婚する時……1労働日
③妻が出産する時……2労働日
④配偶者、父母または子が死亡した時……3労働日
⑤祖父母、兄弟姉妹、孫または配偶者の父母が死亡した時……1労働日
⑥その他前各号に準じ会社が必要と認めた時……会社が必要と認めた日数
2　慶弔休暇は、その事由があった日（本人の結婚の場合は入籍日より6か月以内）に取得しなければならない。
3　本条に定める慶弔休暇は有給とし、その期間については、通常の賃金を支払う。

この規定例では、次のようなルールになっています。

●原則として①～⑤の条件に該当する時に取得できます。
●事前申請が必要になっています。
●取得可能な日数は「労働日」になっており、休日を含みません。
●結婚の場合は取得できる期限が定められていますが、分割取得は制限されていません。
●入社すぐの人でも取得できる規定になっています。
●有給となっています。

もちろんこの内容は会社によって異なりますので、この例を参考に、あなたの会社の就業規則を確認してみてください。なお、慶弔見舞金が支給される会社もあります。

●特別休暇と慶弔休暇の関係

なお、会社が任意で設定している法定外の休暇のことを「特別休暇」と呼ぶことがあります。その意味では、慶弔休暇はいろいろある特別休暇の一種であると言えます。ただ、慶弔休暇のことを「特別休暇」と呼んでいる会社もあります。また、慶弔休暇ではない、会社の判断で特別に与える休暇を「特別休暇」と呼んでいる会社もありま す。そもそも「特別休暇」という言葉自体が法律用語ではないので、いろいろな使われ方をしているのです。

紛らわしいので、本書では法定外の休暇を「特別休暇」とは表現していません。

7

誕生日やボランティアのための休暇もあるって聞いたんですが……

◉法定外の休暇は会社によっていろいろある

法定外の休暇は、会社が任意で自由に設定している休暇ですから、どのような休暇があって、どんな時に取得できるかは、会社ごとにまったく違います。

慶弔休暇だけしかない会社もあれば、慶弔休暇すらない会社もあります。その一方で、いろいろな法定外休暇を導入している会社もあります。

また、有給か無給かも、それぞれ異なりますので、就業規則をよく確認して、自分の勤める会社にどのような休暇制度があるのかを知っておくことは、とても重要です。取得できる条件にあてはまる時は、存分に活用しましょう。

以下に、代表的な法定外休暇をいくつかご紹介しておきます。制度の内容は、よく見られるケースについて述べていますが、もちろんこの限りではありません。これから就職や転職をされる方は、応募する会社の法定外の休暇制度がどうなっているか、調べてみると良いでしょう。

●いわゆる夏休みのための「夏季休暇」

慶弔休暇以外でよく設定されているのが、夏季休暇です。お盆前後に3～5日ほど取得でき、有給であることが多いと思います。お盆にこだわらず、一定期間内、例えば7月～9月の間の任意の3日間を取得できる会社もあります。

注意しておきたいのは、第1章でも触れた通り、夏季休暇が「休暇」なのか「休日」なのかということ。これは就業規則で必ず確認しておいてください。就業規則の「休日」の条文の中に夏季休暇が記載されていれば、名称が「休暇」であったとしても「休日」です。それに対し「休暇」を定めた章の中に規定されていれば、法定外の「休暇」です。

また、「夏季休暇を取得したら年次有給休暇の残日数が減っていた」という経験をされた方がいるかもしれません。この場合は、労使協定を結んで年次有給休暇の計画的付与が行われていると考えられます。つまり、夏のある時季に一斉に年次有給休暇を消化しているわけです。それを「夏季休暇」と呼んでいるだけで、法定外休暇として存在しているわけではありません。

◉勤続年数の節目などで取得できる「リフレッシュ休暇」

従業員の心身の疲労を回復し、リフレッシュしてもらうために付与される法定外の休暇として「リフレッシュ休暇」があります。

勤続年数の節目で取得でき、勤続年数が多いほど、取得できる日数も多くなるよう設計している会社が多いようです。例えば勤続5年で3日、勤続10年で5日、勤続20年で10日……といった感じです。

給与に関しては、多くの会社で、リフレッシュ休暇中も支払われています。また、勤続年数に応じた金一封が支給される場合もあります。

◉誕生日（誕生月）に取得できる「バースデイ休暇」

「バースデイ休暇」は、従業員の誕生日または誕生月に休暇を1日取得できる制度です。「誕生日休暇」とも言います。

誕生日に限定すると休日と重なったり、仕事が繁忙であったりすることがあるので、誕生日を含む月の中で任意の1日を取得できる設計になっていることが多いと思います。やはり、有給である割合が高いです。

なお、バースデイ休暇も年次有給休暇の計画的付与の一環として、誕生月に年次有給休暇を1日取得しましょうという制度設計になっている会社もあります。この場合は、法定外の休暇ではありませんが、年次有給休暇の取得率を高める一定の効果はあると言えるでしょう。

また、従業員本人だけでなく、家族の誕生日や結婚記念日などにも取得できるようにして、「アニバーサリー休暇」と呼ぶ場合もあります。

◉社会貢献活動のための「ボランティア休暇」

従業員が無報酬の社会貢献活動をする際に取得できる法定外の休暇として「ボランティア休暇」があります。企業イメージの向上や、人材育成などを目的として導入されているようです。

必ずしも全期間が有給ではなく、例えば「最初の2日間は有給で、それを超えると無給」などの場合もあります。もちろん、すべて無給の場合もあります。

なお、ボランティア休暇を取得するためには、一定以上の勤続年数があることが条件になっている場合があります。また、事後に活動内容などの報告を求められる規定になっていることもあります。

第4章

会社を休む万能ツール「年次有給休暇」の基本

1

誰でも年次有給休暇をもらえますよね？

◉年次有給休暇が付与される2つの条件

年次有給休暇とは、労働者が心身の疲労を回復し、ゆとりある生活を送るために、勤続年数に応じた日数の休暇が付与される制度です。原則として理由を問わず、いつでも好きな時に取得できます。そして有給休暇という名の通り、休暇中は有給、つまり休んでも賃金が支払われます。

年次有給休暇は労働基準法第39条で定められた、労働者の重要な権利の1つです。なので、もちろん正社員だけでなくパートタイマーにも付与されます。

ただし、「①雇入れの日から6か月間継続勤務し」「②その間の全労働日の8割以上出勤した」労働者に対して付与される、という条件があります。全労働日とは所定労働日、つまり「雇用契約上、出勤しなければならない日」のことを言います。

初回の付与日以降は、1年ごとに「直近1年間の全労働日の8割以上出勤」すると付与されます。

◉本来の趣旨を考えたら、年次有給休暇は積極的に取るべき

なお、年次有給休暇が「付与」されたとしても、この段階では年次有給休暇を使う権利が与えられただけです。この権利を使わなければ、実際には1日も休めていないわけです。

年次有給休暇の権利を行使して実際に休むことを、「取得」と言います。皆さんには、「付与」された年次有給休暇を、上手に「取得」していただきたいと思います。付与された年次有給休暇をため込んで、取得しなければ、心身のリフレッ

年次有給休暇の付与条件

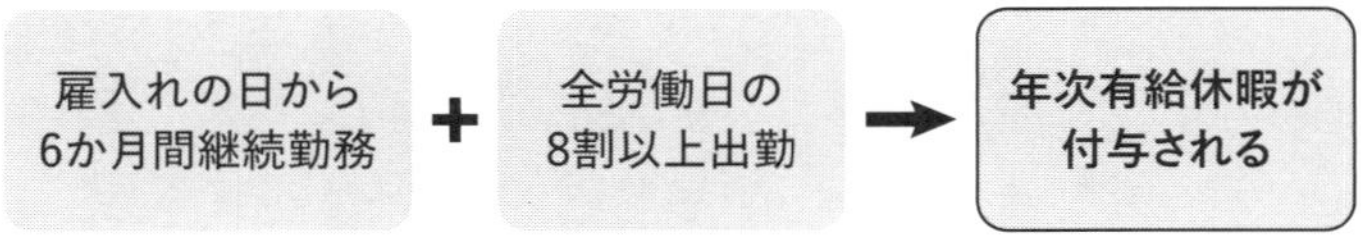
雇入れの日から
6か月間継続勤務
+
全労働日の
8割以上出勤
年次有給休暇が
付与される

シュにはまったくつながないことは言うまでもありませんね。

残念ながら、諸外国に比べて、日本では年次有給休暇の取得率がたいへん低い現状があります。原因としては「日本人の勤勉な性質」「忙しすぎて休めない」「休暇を取りづらい職場の雰囲気」などが考えられます。

そのためか、よく在職中は年次有給休暇をあまり取得せず、退職時にまとめて取得する方がいらっしゃいます。もちろん、これは違法ではないのですが、「心身の疲労を回復し、ゆとりある生活を送るため」という年次有給休暇制度の本来の趣旨とは違うような気がします。できれば在職中に、付与された年度にすべて使い切るぐらいで良いのではないでしょうか。

年次有給休暇は、従業員の皆さんが健康で充実した生活を送るために、会社を休む時に使える「最強のカード」なのです。もっと年次有給休暇を活用すべきだと思います。上手に仕事を調整して、遠慮なく休暇を取得し、心と身体がリフレッシュできたら、また仕事に戻った時には、業務の効率も上がるはずです。

●略称は有給？　有休？　年休？

ちょっと余談になりますが、年次有給休暇は口にすると長いので、「ゆうきゅう」と略されることが多いですよね。漢字で書くと「有給」と書く場合と「有休」と書く場合、両方見られます。また、「年休」と略す場合もあります。一体、年次有給休暇の略称は、「有給」「有休」「年休」どれが正しいのでしょうか？

実は、どれも間違いではありません。そもそも略称は正式名称ではありませんから、「これだけが正しくて他は間違い」ということはありません。

ただし、できれば「有休」または「年休」を使用した方が良いと私は考えていいます。「有給」という言葉は「給料が出る」という意味です。「有給の休暇」「無給の休暇」というふうに使うことがあります。ですから、「ゆうきゅう」と略す時には、漢字は「有休」を充てるのが良いと思います。

もっとも、「有休」という言葉も「有給休暇」の略であり、年次有給休暇以外の有給の休暇を指す可能性もある言葉です。そのため、本書では、特別な理由がない限り、年次有給休暇を略す時は「年休」を使用しています。

厚生労働省のパンフレットなどを見ても、年次有給休暇の時間単位付与のことが「時間単位年休」、年次有給休暇の計画的付与のことが「計画年休」と表記されています。また、「産休」や「育休」などの略し方とも整合性が取れていると思います。

2 年次有給休暇は年に何日もらえますか？

◉付与日数は勤続年数に応じて増えていく

通常の労働者（正社員など）に対しては、年次有給休暇は入社6か月後に10日付与され、その1年後に11日、さらにその1年後に12日、以降は1年ごとに2日ずつ増えていき、入社6年6か月以降は毎年20日が付与されます。

また、週の所定労働時間が正社員よりも短い労働者（パートタイマーなど）にも年次有給休暇は付与されますが、付与日数については正社員と異なるルールが適用されます。週の労働日数が少ないのに、正社員と同じ日数の年次有給休暇が付与されるのでは不公平だからです。そのため、週の労働日数に比例した日数が付与されることになります。これを「比例付与」と言います。

通常の労働者の付与日数

継続勤務年数	6か月	1年6か月	2年6か月	3年6か月	4年6か月	5年6か月	6年6か月以上
付与日数	10日	11日	12日	14日	16日	18日	20日

短時間労働者の比例付与による付与日数

週所定労働日数	1年間の所定労働日数	継続勤務年数						
		6か月	1年6か月	2年6か月	3年6か月	4年6か月	5年6か月	6年6か月以上
4日	169〜216日	7日	8日	9日	10日	12日	13日	15日
3日	121〜168日	5日	6日	6日	8日	9日	10日	11日
2日	73〜120日	3日	4日	4日	5日	6日	6日	7日
1日	48〜72日	1日	2日	2日	2日	3日	3日	3日

◉パートタイマーでも正社員と同じ日数をもらえることもある

なお、比例付与の対象となるのは「①週の所定労働日数が４日以下」かつ「②週の所定労働時間が30時間未満」の労働者です。ただし、週以外の期間（月または年）によって所定労働日数が定められている場合には、１年間の所定労働日数で考えます。

逆に、この条件を超えて働いている場合は比例付与の対象とはならず、正社員と同じ日数の年次有給休暇が付与されることになります。例えば、あなたが週４日働く労働者だったとしても、１日の所定労働時間が８時間だとすれば、週の所定労働時間は32時間となり、比例付与の対象になりません。

この取扱いを間違えている会社の担当者もいるので、注意してください。

3

パートタイマーですが、勤務日数を増やせば年休の日数も増えますか？

◉付与日の所定労働日数で判断する

パートタイマーの場合、契約更新時または契約期間の途中で、所定労働日数が変更になることがあります。例えば、４月１日に入社したパートタイマーが「契約期間が9月30日まで、週の所定労働日数３日」の雇用契約を結んで6か月間継続勤務し、その後、10月１日からは「週の所定労働日数４日」で契約を更新したとします。

この場合、10月１日に付与される年次有給休暇の日数は、５日でしょうか？　それとも7日でしょうか？

実は、７日が正解です。年次有給休暇の付与日数は、付与日の労働条件で判断することを覚えておいてください。付与日の前後で週の所定労働日数が変更になった場合など、間違った取扱いをされて損をしないよう注意しましょう。

◉パートタイマーから社員になっても継続勤務年数は通算できる

年次有給休暇は、入社から6か月継続勤務すると初回の付与日がきます。以降は、継続勤務期間が1年経過するごとに、付与日が到来します。では、「継続勤務」とは、どういう意味でしょうか。

「継続勤務」した期間とは、入社日からの在籍期間のことを言います。この判断は、正社員、契約社員、パートタイマー、嘱託などの社員区分にとらわれず、実質的に勤務が継続しているかどうかで行います。

例えばパートタイマーだった人が正社員になった場合や、定年退職した人が再雇用された場合などでも、実態として勤務が継続しているのならば継続勤務していると考え、年数を通算するのです。

契約変更などがあった場合には、自分の継続勤務年数がリセットされていないか注意しましょう。

4 年休がもらえなくなることってあるの？

◉出勤率の計算の仕方

年次有給休暇は、付与日の直近1年間（初回は6か月間）の全労働日の8割以上出勤した場合に付与されます。出勤率8割以上で年休付与、というわけです。計算式にすると以下のようになります。

出勤率＝出勤日数÷全労働日

まず「全労働日」ですが、就業規則や雇用契約書などで定められた労働義務がある日のことを言います。したがって、以下の日は全労働日に含めません。

①会社都合や不可抗力により休業した日
②正当なストライキなどにより働かなかった日
③休日出勤した日

次に「出勤日数」ですが、実際に出勤した日はもちろん、以下の日も出勤したと見なしてカウントします。

①業務上の怪我や病気で休んだ期間
②育児・介護休業期間
③産前産後休業期間
④年次有給休暇を取得した日

慶弔休暇や生理休暇、裁判員休暇を取得した日などを、全労働日に含めるか、出勤したものと見なすかは、就業規則の定めによります。

なお、遅刻や早退があった日も、出勤した日としてカウントします。

こう考えると、よほどのことがない限りは出勤率が8割以上になり、年休が付与されることが分かりますね。

◉出勤率8割未満の年があっても勤続年数はリセットされない

とはいえ、もちろん出勤率が8割未満となってしまえば、年次有給休暇は付与されません。では、仮にそうなってしまった場合、付与日数を決めるための継続勤務年数はリセットされてしまうのでしょうか？

例えば正社員の場合、出勤率が常に8割以上あれば、年次有給休暇は入社6か月後に10日、1年6か月後に11日、2年6か月後に12日付与されますね。

ここで仮に、入社6か月後に年次有給休暇が10日付与されたものの、入社1年6か月後の時点で直近1年間の出勤率が8割未満になってしまったとします。すると、本来であれば11日付与されたはずの年次有給休暇は付与されません。

そして、入社2年6か月後には、直近1年間の出勤率が8割以上あったとします。この場合、年次有給休暇は何日付与されるでしょうか？　もう一度、10日からスタートするのでしょうか？

そんなことはありません。途中で出勤率が８割未満で年次有給休暇が付与されなかった年があったとしても、継続勤務年数がリセットされるわけではないのです。つまり、入社２年６か月後には12日付与されることになります。

5

年次有給休暇にも有効期限ってあるの？

◉付与されてから2年間有効

労働基準法第115条により、年次有給休暇の消滅時効は「付与された日から2年間」となっています。付与されてから2年以内に取得しなければ、時効消滅してしまうのです。もったいないので、早め早めに取得するようにしましょう。

なお、もし就業規則に「年次有給休暇は翌年度に繰越してはならない」などと規定されていたとしても、無効です。会社が「なるべく付与された年度内に取得してください」という趣旨の規定をおくことはできるのですが、「繰越し禁止」のような規定をしたとしても、付与された年次有給休暇の権利が1年で消滅するようなことはありません。

また、入社6か月後に付与される初回の年次有給休暇は正社員の場合10日ですが、これを「入社日に5日、6か月後に5日」のように一部を前倒しして分割付与される場合があります。この場合、消滅時効の２年間をどこから数え始めるかというと、付与日です。つまり最初の５日は入社日、あとの５日は入社６か月後の日から数えて、２年後に時効で権利が消滅します。

◉繰越し分から取得するのが一般的

時効が2年ということは、もしあなたがその年に付与された年次有給休暇を取得しきれなかった場合、未取得の残日数は翌年に繰越されるということです。そして当然、翌年も新しい年次有給休暇が付与されますので、あなたは「繰越し分」と「新規発生分」の両方の年次有給休暇を持つことになります。

では、年次有給休暇を取得する場合、繰越し分と新規発生分のどちらから使うことになるのでしょうか？　この点については、労働基準法には特に規定がないため、就業規則の定めによって決まります。就業規則を確認しておいてください。もし就業規則に定めがない時は、繰越し分から先に消化すると考えるのが一般的な解釈です。

◉繰越し分を先に消化する方がお得

ちなみに、繰越し分と新規発生分のどちらから取得するか明確でない場合に、どちらを先に消化するのが得かというと、繰越し分です。

具体的に、①入社6か月後に付与される年次有給休暇10日分、②入社1年6か月後に付与される年次有給休暇11日分、③入社2年6か月後に付与される12日分の例で考えてみましょう。

①の10日分のうち5日を取得し、残り5日を繰越ししたとします。すると②が付与された時点で、年次有給休暇の残日数は①の繰越し分5日と、新たに付与された②の11日で、計16日分となりますね。この状態で年次有給休暇を5日取得する場合、①の繰越し分から取得するのか、②の11日分から取得するのかによって、結果が変わります。

●①の繰越し分から取得する場合

①の繰越し分から5日取得すると、①の残日数がなくなり、②の11日分はまるまる残ります。ここで③の12日分が付与されると、②の残日数11日が繰越されるので、計23日

の年次有給休暇を持てることになります。

●②の新規発生分から取得する場合

②の新規発生分から11日の中から5日取得すると、①の残日数は5日のまま、②の残日数が6日となります。ここで③の12日分が付与されると、まず①の残日数5日が時効消滅します。そして②の残日数6日は繰越されるため、③の12日と合わせて計18日の年次有給休暇を持てることになります。

つまり、繰越し分から取得していった方が、より年次有給休暇の残日数を温存できるわけです。もし、皆さんがこのような状況で年次有給休暇を取得する時は、念のため、「繰越し分から先に取得します」と申出てみてはいかがでしょうか。

なお、今まで繰越し分から消化させていた会社が、突如、就業規則を改訂して、新規発生分から消化するように変更した場合は「労働条件の不利益変更」となります。このような変更は、会社が一方的にはできないことも覚えておきましょう。

6

入社後6か月より前に年休をもらえることもあるの？

●管理の手間から基準日を統一している会社もある

今まで説明してきた通り、年次有給休暇は入社から6か月継続勤務し、その間の出勤率が8割以上あれば付与されます。この付与日のことを「基準日」と言います。

つまり、例えば4月5日入社の人は10月5日が、7月12日入社の人は1月12日が、10月27日入社の人は4月27日が基準日となります。以後毎年、基準日に年次有給休暇が付与されていくわけです。

しかし、これだと中途採用が多い会社では、従業員さんの基準日がバラバラになってしまい、会社の担当者も管理の手間がたいへんになります。そこで入社日に関わらず全社員の基準日を統一して、その日に一斉に年次有給休暇の付与を行うことがあります。

例えば全社員の基準日を4月1日と設定し、毎年4月1日に全員に一斉に年次有給休暇を付与するわけです。本書ではこれを「基準日統一方式」と呼びます。

●基準日が年2回あることも

会社は、就業規則に定めておけば基準日統一方式を採用することができますが、注意点が2つあります。

> ① 原則的な方法よりも付与日数が少なくなってはいけない。
> ② 本来の基準日以前に付与する場合、短縮された期間は全出勤したと見なして出勤率を算定する。

どういうことか、具体的に考えてみましょう。例えば、基準日が4月1日だとします。この場合、4月1日から9月30日までに入社した人は、翌年の4月を待たずして継続勤務期間6か月が経過してしまいます。そのため、まずは入社6か月が経過した日（4

月1日入社なら10月1日、9月1日入社なら3月1日）に、初回の年次有給休暇が10日付与されます。そのうえで翌年4月1日には2回目の年次有給休暇が11日付与され、以降、毎年4月1日に年次有給休暇が付与されていきます。

また、10月1日から3月31日までに入社した人は、継続勤務期間6か月が経過する前に最初の4月1日が来るので、その時に初回の年次有給休暇が10日付与されます。以降は毎年4月1日に年次有給休暇が付与されていきます。

いずれにしても、常に法定を上回る年次有給休暇が付与されますので、従業員さんが損をすることはありません。

ただ、入社6か月を待たずして初回の年次有給休暇が付与される人と、そうでない人が出てしまうので、なんだか不公平に感じるかもしれませんね。そうした不公平感を少しでも軽減するために、基準日を年2回（例えば4月1日と10月1日に）設ける方法を採用している会社もあります。

7

「有給」なんだから休んでも給料は減りませんよね？

◉年休取得時の賃金の計算方法は3つある

年次有給休暇を取得したことに対して、賃金を減額することは法律で禁じられています。したがって、お給料は減らされません。ただし厳密に言うと、年次有給休暇を取得した時に支払われる賃金の算定方法には、次の3種類があります。

①所定労働時間労働した時に支払われる通常の賃金
②平均賃金
③健康保険の標準報酬日額

①の方法がもっとも一般的ですが、どの方法を採用することもできます。ただし、就業規則に定めて、常にその方法を用いなければなりません。また、人によって算定方法を変えることもできません（ただし正社員とパートで異なることは認められます）。

それぞれの算定方法について、順番に説明しましょう。

①所定労働時間労働した時に支払われる通常の賃金

所定労働時間労働した時に支払われる通常の賃金は、給与形態別に次の金額となります。

- **時給制の方**……時給×その日の所定労働時間数
- **日給制の方**……日給額
- **月給制の方**……月給÷その月の所定労働日数

ただし月給制の場合でも、いちいち計算を行う必要はなく、その月の月給額を減額することなく、そのまま支払えば同じことになります。

②平均賃金

平均賃金は、年休取得日（2日以上連続して取得した場合は最初の日）の直前の賃金締切日以前3か月の賃金総額を、その3か月間の歴日数で割った金額になります。

③健康保険の標準報酬日額

健康保険の標準報酬日額は「健康保険の標準報酬月額÷30」の金額になります。標準報酬月額とは、社会保険料算定の便宜上決めたみなしの月給額のことです。

なお、この方法を採用する場合には、従業員の過半数代表者などと労使協定を締結していることが条件になります。また、社会保険に加入していない人には適用できません。

●日によって労働時間が異なる場合は年休取得日の条件で計算

ではパートタイマーなど、日によって所定労働時間が異なる方の場合はどうでしょうか？　例えば「時給1000円、月・水・金の週3日勤務で、所定労働時間は月曜日と金曜日が4時間、水曜日は6時間、賃金の算定は通常の賃金」というようなケースで考えてみましょう。

このような方が年次有給休暇を取得した場合の賃金は、年休取得日の所定労働時間で算定されます。つまり、月曜日や金曜日に年休を取得すれば4000円、水曜日に取得すれば6000円が支払われます。水曜日に取得するのがお得に感じてしまいますよね。

では契約変更により、週の所定労働日数が変更になった場合はどうでしょうか?

例えば時給1000円、1日3時間勤務だったパートタイマーが、1日5時間勤務に変更になったとします。もし、この方が1日3時間勤務だった時に付与された年次有給休暇を、1日5時間勤務になってから取得したとすると、この場合に支払われるのは3000円でしょうか? それとも5000円でしょうか?

これも、取得時における所定労働時間で算定するのが正解となります。つまり、5時間分の賃金である5000円が支払われなくてはなりません。

◉年休取得で手当が不支給になるのも原則NG

さて、年休を取得しても賃金が減らされないのはもちろんですが、その他の手当についてはどうでしょうか？

例えば、その月の所定労働日のすべてを1日も欠勤することなく勤務した場合に、皆勤手当が支給される会社があります。年次有給休暇を取得したことで、皆勤手当が不支給になることは許されるでしょうか？

労働基準法には、「有給休暇を取得した労働者に対して、賃金の減額その他不利益な取扱いをしないようにしなければならない」と規定されています。皆勤手当の不支給は「不利益な取扱い」にあたるため、法の趣旨に反し認められないと考えるのが一般的です。

ただし、年休取得時の皆勤手当の不支給が就業規則（賃金規程）に明記され、皆勤手当の額も高額でなく、年休取得を抑制する目的がないとされるようなケースでは、不支給が認められる場合もあります。まずは就業規則を確認してみてください。

また、年休取得日には通勤手当が支払われないことも、就業規則（賃金規程）に明記されていれば、認められることがあります。通勤手当は通勤にかかった実費を補填する意味合いの手当だからです。事前に、就業規則を確認しておくと良いでしょう。

8 年休を申請したら「その日はダメ」と言われたんですが……

◉本来は申請通りに休めるが、例外もある

本来、年次有給休暇は従業員が休みたい時期を指定して申出るだけで取得できます。自分が持っている年休の残日数の範囲内で、「この日に休みたい」あるいは「いつからいつまで休暇を取得したい」と会社に請求すれば、原則としてその通りに取得できる権利が、労働基準法で保障されているのです。この権利のことを「時季指定権」と言います。

ただし、特に仕事が忙しい繁忙期に休まれたり、同じ期間に何人もの従業員に同時に休まれたりすると、会社は仕事が回らなくなって困ってしまうことがあります。このような場合に会社は、年次有給休暇の取得を他の時期に変更するよう、従業員に求めるこ

とができます。これを「時季変更権」と言います。

ちなみに、「時季指定権」「時季変更権」の「時季」とは、季節という意味ではなく、ある1日や、2～3日のことを指す法律用語です。

●会社が時季変更権を行使するハードルはかなり高い

もっとも、時季変更権はただ単に「忙しいから」などの理由で、簡単に行使することはできません。「事業の正常な運営を妨げる場合」にのみ行使できるのです。では、どのような状況が「事業の正常な運営を妨げる場合」にあたるのでしょうか？

法律で「何月は繁忙期だ」と特定することや、「何人が同時に年休を取得したら業務に支障をきたす」などと一律に決めることはできませんよね。「事業の正常な運営を妨げる場合」であるかどうかは、会社の規模、業種、従業員の業務内容、忙しさ、代わりの人を見つける難易度などの諸事情を、ケースバイケースで客観的に判断して決められます。現実的には、認められるハードルはかなり高いと言えるでしょう。

会社は、時季変更権を行使する前に、代替要員を探す努力を尽くさないといけませんので、もしあなたが年次有給休暇の請求をした時に会社から時季変更権を行使されたら、どのような「努力」をしたのか「確認」してみても良いかもしれません。

なお、会社は時季変更権を行使した場合でも、その後に取得可能な状況になったら、できる限り速やかに従業員に年次有給休暇を取得させなければなりません。

●休む理由は「私用のため」でOK

なお、会社が用意している年次有給休暇取得の申請書類などには、休暇取得理由の記入欄が設けられていることがあります。このような場合、「私用のため」とでも書いておけば十分です。具体的な内容を詳細に書く必要はありません。

年次有給休暇は、休みたい時期を指定して請求するだけで、理由の如何に関わらず取得できます。つまり、理由を説明する義務はないのです。

もし、それが原因で年次有給休暇の取得を拒まれたとしたら、会社の担当者や上司は、労働基準法第39条を理解していない可能性がありますので、もう少し「情報収集」してみてはいかがかと「提案」してみたら良いかもしれません。

ただし、会社は複数の従業員から同時に年休の申請があった場合、取得理由によって、時季変更権を誰に行使するか決めることがあります。全員に休まれると困るという場合に、例えば通院、育児、介護、冠婚葬祭などやむを得ない理由の人から順に優先して年休を与えるわけです。ですので、本当に重要な用事があって年次有給休暇を取得する時には、取得理由をはっきり書いておいた方が良い場合もあります。

9 年休はいつまでに申請すれば良いの？

◉前日の終業時刻までに申請するのが原則

年次有給休暇の取得は、事前申請が原則です。事前申請とは、具体的には前日の終業時刻までに申請することを指します。

したがって事後申請、つまり休んだ後に申請することはできません。これは、さきほど述べたように会社には時季変更権があるからです。もし事後申請を許してしまうと、会社が時季変更権の行使を検討する余地がなくなってしまいますよね。なので、事後申請はできないと考えられています。

では当日申請、つまり当日の朝、始業時刻直前に年休の取得を申請した場合はどうでしょうか？

実は、これも事後申請と同じ扱いとなります。

なぜなら、年次有給休暇は労働日単位で取得することになっているからです。労働日というのは、午前0時からの24時間を指します。この24時間をまるまる休んではじめて、年次有給休暇を1日取得したことになるのです。

つまり、始業時刻直前にはもうすでに労働日が始まっているため、当日申請も事後申請となるわけです。

●例外として当日申請が認められる場合もある

もっとも実際は、急な体調不良や突発的に生じた育児・介護などの理由であれば、「例外として」始業時刻前の当日申請でも年次有給休暇の取得を認めている会社もたくさんあります。そのような場合に無理に出社させても良いことは起きない、という配慮があるのでしょう。

つまり「年次有給休暇の取得は原則として事前申請が必要であり、当日申請は認めないが、やむを得ない事情の場合には会社の判断で事後申請でも認める場合がある」という運用です。
就業規則にもそう書いてあることが多いはずです。今一度、就業規則を確認してみてください。

◉「3日前までに申請」などのルールがあれば、なるべく守ろう

また、先ほど年次有給休暇の事前申請は「前日の終業時刻まで」と説明しましたが、就業規則に「年次有給休暇の申請は3日前までにしなくてはならない」などといった規定をおいている会社もあります。このような規定をすることに、法律上の問題はないのでしょうか?

実は、時季変更権の行使を判断する時間的余裕を確保するためであれば、就業規則にこのような規定をおくことは可能とされています。つまり、これは分かりやすく言えば「なるべく時季変更権を行使しないで、希望した日に年休を取らせてあげたいから、早めに申請してくださいね。3日間あれば何とか代わりの人を探せるかもしれませんから」という意味のルールなのです。

ですから、そのようなルールがある場合は、なるべく守るようにすべきでしょう。それを守っておけば、時季変更権を行使される可能性は低く、希望通りに年次有給休暇を取得できる可能性が高まるのだ、と考えておけば良いと思います。

ただし、仮にこうしたルールが設定されていたとしても、会社に時季変更権を行使すべき事情がないのに「3日前に申請しなかった」という理由だけで取得を認めないことはできないと考えられます。ですので、もし急用ができてやむを得ない場合は、3日前を過ぎてしまっても、前日までに年休を申請することはできます（時季変更権を行使される可能性は高まりますが）。

第5章

「年次有給休暇」の応用知識も押さえておこう

1

年休を取る日があらかじめ会社に決められているのですが……

◉年次有給休暇を計画的に付与できる制度がある

会社は、労働者の過半数を代表する者などと労使協定を結ぶことによって、各従業員の持つ年次有給休暇のうち5日を超える分について、あらかじめ時期を決定し、計画的に取得させることができます。これを「年次有給休暇の計画的付与制度」と言います。略して「計画年休」と呼ばれることもあります。

年次有給休暇の計画的付与は「①全従業員一斉に付与する」「②班別に交代で付与する」「③計画表を作り個人別に付与する」など、さまざまな方法があります。いずれの方法でも、いったん決定された年休取得日は、従業員からも会社からも変更することはできません。

●自由に取得できる日も５日分は保証される

なぜこのような制度があるかというと、決して「会社の都合で休みを決めたい」ということではなく、むしろ年休の取得率を向上させるためです。年次有給休暇を取得しづらい雰囲気の職場でも、従業員さんがためらわずに年休を取得できるようにするために導入された制度なのです。

とはいえ、年次有給休暇は「いつでも自由に取れる」のが原則ですから、計画的付与の対象となるのは、各従業員の持つ年次有給休暇のうち「５日を超える分」に制限されています（日数を考える時は繰越し分も含めます）。つまり、従業員が自由に取得できる日数も、少なくとも５日間は残されることになります。例えば、年休の日数が15日ある従業員なら、10日までが計画的付与の対象となります。

●年休付与がない従業員にも有給休暇がもらえることも

年次有給休暇の計画的付与は、従業員さんの持つ年休の日数のうち、５日を超える部分しか適用できません。では、例えば入社したばかりで、まだ年次有給休暇を付与されていない従業員などはどうなるのでしょうか？

このように、年次有給休暇がまったくない、あるいは5日未満しか持っていない従業員は、計画的付与の対象にすることはできません。

とはいえ、計画年休で全従業員が一斉に年休取得をする場合、これらの方だけ「対象外」として出勤しなければならないのも変ですよね。そうしたケースで、対象外の従業員も休ませるならば、会社は有給の特別休暇を与えるか、平均賃金の6割以上の休業手当を支払うなどの対応が必要になります。

もし、あなたがこのケースに該当しているにも関わらず、会社が何の対応もしてくれなかったとしたら、会社の担当者に「確認」してみてください。

◉計画年休と育休の期間が被ったら年休扱い

また、年次有給休暇の計画的付与が決定した後に、従業員が育児休業を申出て休業した場合、あらかじめ計画的に決まっていた年休取得日は、年次有給休暇を取得したものとして扱われます。つまり、会社はその日の賃金を支払わなければならないというわけです。

ただし、労使協定で、休職中の方、産休中の方、育児休業や介護休業中の方などを、計画的付与の対象者から除外していることがあります。その場合はこの限りではありませんので、会社の担当者の方にお願いして、労使協定を見せてもらうと良いでしょう。

2

会社から「5日は必ず取れ」って言われたのですが、絶対取らなきゃダメですか？

◉会社には従業員に5日の年休を取得させる義務がある

年次有給休暇は、従業員が自分の休みたい日を指定して取得するのが原則です。しかし、現状では職場への配慮やためらいなどがあり、取得率が低調となっています。そのため、年休の取得促進は社会的な課題となっていました。

そこで導入されたのが、会社は年10日以上の年次有給休暇を付与した従業員に対し、付与日から1年以内に5日分を、時季を指定して取得させなければならないという制度です。このことを「年次有給休暇の時季指定義務」と言います。

この時季指定義務は、すべての企業に適用されます。また会社が時季を指定する時は、従業員の意見を聴いて、それを尊重するよう努めなければなりません。

もし、あなたの年間の年休取得日数が５日に満たない時は、大丈夫なのか会社に「確認」してみてください。時季指定義務に違反した場合は、従業員１人につき30万円以下の罰金が科せられることも「情報提供」してあげるといいでしょう。

●従業員が自ら取得した日や計画的付与の日も含まれる

もちろん、原則通り従業員が自ら年次有給休暇を取得した場合や、計画的付与により年次有給休暇を与えた場合は、その日数については、時季指定義務の５日分から控除していいことになっています。

つまり「自由に取得した日数＋計画的付与により取得した日数＋会社が時季指定した日数」の合計が５日あればＯＫというわけです。

ですから、自分が取得したくない日に会社から指定されて年休を取得するよりも、自分の好きな日に最低でも５日は自主的に取得してしまった方が良いかもしれませんね。

なお、取得日数のカウントについては、それが繰越し分からの取得か新規付与分からの取得かは関係ありません。

◉パートタイマーも時季指定義務の対象となる場合がある

時季指定義務の対象となるのは、「年10日以上の年次有給休暇を付与した従業員」です。では、パートタイマーなどの短時間労働者についてはどうなのでしょうか？

第4章でも説明したように、週の所定労働日数が4日以下、かつ、週の所定労働時間が30時間未満の短時間労働者には、比例付与と言って、正社員よりも短い日数の年次有給休暇が付与されます。この短時間労働者には、最初から10日以上の年次有給休暇が付与されることはありません。

ただし、継続勤務年数によって年次有給休暇の付与日数はだんだん増えていくので、場合によっては時季指定義務の対象となることもあります。具体的には「週の所定労働日数が4日の短時間労働者は、原則として入社から3年6か月」「週の所定労働日数が3日の短時間労働者は、入社から5年6か月」が経過していれば、10日以上の年次有給休暇が付与されますので、時季指定義務の対象となるのです。

もしあなたがパートタイマーで、このケースに該当しているにもかかわらず年に5日の年休が取得ができていない状況であれば、会社に「確認」してみると良いでしょう。

3 入社後すぐに年次有給休暇をほしいのですが……

◉本来の付与日より前倒しで与えている会社もある

年次有給休暇は、入社から6か月間継続勤務すると付与されるのが原則です。例えば4月1日に入社した従業員は、その年の10月1日に10日分の年次有給休暇が付与されます。

ということは、この新入社員さんは入社後6か月間は年次有給休暇を持っていないことになるわけです。もし、この間に体調不良などでお休みする場合は、欠勤扱いとなって、通常は給料が減額されてしまいます。

この点に配慮して、6か月後に付与される10日分の年次有給休暇の一部を、本来の付与日より前倒しで与えている会社もあります。例えば、4月1日の入社日に5日分の年次有給休暇を付与し、本来の付与日である10月1日に残りの5日分を付与するようなケースです。

これを「年次有給休暇の分割付与」と言います。

●前倒しで付与された場合の3つの注意点

もしあなたがこのような会社に入社した場合には、注意点が3つありますのでご説明します。

①初回の付与日から1年後が2回目の付与日になる

「本来は入社6か月後の10月1日に付与すればいいはずの年次有給休暇を、従業員のためを思って、入社時に一部を前倒しで付与してあげたのだから、翌年の付与日は本来の初回付与日の1年後である10月1日で良い」

会社の方はこのように考えてしまうことが多いようです。しかし、翌年の付与日は、一番最初に年次有給休暇を付与した日の1年後、つまり4月1日になります。6か月の前倒しは翌年以降もずっと続くというわけです。

②出勤率の計算上、短縮された期間はすべて出勤したものと見なされる

仮に2024年の4月1日に入社した従業員がいたとして、会社が法定通りの付与を行うとすれば、初回は2024年10月1日に10日分、2回目は2025年10月1日に11日分の年次有給休暇が付与されます。年次有給休暇の付与には「直近1年間の全労働日の8割以上出勤」という条件がありますが、2回目の付与をするかどうか判断するための出勤率の算定は、2024年10月1日から2025年9月30日の1年間で行います。

では、もし「入社日である2024年4月1日に5日、6か月経過後の2024年10月1日に5日」という分割付与があった場合はどうでしょうか？

この場合、2年目の付与日は2025年4月1日になりますが、この時の出勤率の算定は、2024年10月1日から2025年3月31日までの6か月間で行うわけではありません。あくまで2024年10月1日から2025年9月30日の1年間で行います。

そうすると、2024年10月1日から2025年3月31日までは実際の出勤日に基づいて計算できますが、2025年4月1日から2025年9月30日までの期間は、まだ

実際には訪れていないので、実際の出勤日が計算できないですよね。このような場合、2025年4月1日から2025年9月30日は「法定の基準日から短縮された期間」として、その間のすべての労働日を出勤したものとして計算することになっています。

③時効の2年間はそれぞれの実際の付与日から起算する

第4章でも触れましたが、年次有給休暇の権利は付与されてから2年で時効消滅します。つまり、「入社日である2024年4月1日に5日、6か月経過後の2024年10月1日に5日」という分割付与の例で考えると、2024年4月1日に付与された5日分については2026年4月1日に時効消滅、2024年10月1日に付与された5日分については2026年10月1日に時効消滅します。

ただし、分割付与された合計10日のすべてを、会社の判断で2026年9月30日まで有効とすることは、従業員に有利な取扱いですので認められます。

以上の3点については間違いやすいので、会社から間違った取扱いをされないように注意してください。

◉会社による時季指定義務についても特別な考え方になる

また、分割付与が行われた場合、会社による時季指定義務についても注意する必要があります。時季指定義務というのは「従業員に10日以上の年次有給休暇を付与した会社は、付与日から1年以内に5日、時季を指定して取得させなければならない」というものでしたね。

「入社日である2024年4月1日に5日、6か月経過後の2024年10月1日に5日」という分割付与の例ですと、付与日数が合計10日に達するのは2024年10月1日です。ですから、2024年10月1日からの1年間で、会社は時季を指定して5日の年次有給休暇を取得させることになります。

では、ここで従業員が自ら2024年6月に3日の年休取得をしていたらどうなるでしょうか?

時季指定義務においては、従業員が自ら取得した日や年次有給休暇の計画的付与により取得した日も含めて5日取得していれば良いことになっています。この例では付与日数の合計が10日に達する前に取得した3日も5日から差し引くことができます。つまり、会社は２０２４年10月１日からの１年間にあと２日、時季を指定して取得させれば良いのです。

●時季指定の期間が重複したら日数を按分する

だんだんややこしい話になってきましたが、もう少し辛抱してください。

この分割付与のケースでは、２０２５年４月１日に11日の年次有給休暇が付与されます。そのため、２０２５年４月１日から１年以内に５日の時季指定が必要になります。

そうすると２０２４年10月１日からの１年間と２０２５年４月１日からの１年間には重複する期間があることが分かります。そうです、２０２５年４月１日から２０２５年９月30日までの期間が重複しています。この重複のことを「ダブルトラック」と言います。

ダブルトラックが発生している場合は、この例ですと２０２４年10月１日から２０２６年３月31日までの期間に、その期間の長さに応じた日数を、時季を指定して取得させることになります。比例按分した日数は「その期間の月数÷12×５」で求めます。2024年10月1日から2026年3月31日までは18か月ですから「18÷12×5＝7・5」となり、この18か月に7・5日、時季を指定して取得させることになるわけです。

もちろん、このような計算は会社の担当者がやることですから、従業員の皆さんが完全にマスターする必要はありません。興味があれば、参考までに知っておく程度で良いかと思います。

とにかく「年次有給休暇が付与されたら積極的に取得する」「1年以内に5日以上は自分の好きな時に必ず取得する」ということをお勧めします。そうすれば、会社が間違った処理をして自分が損をしていないか、気にする必要もなくなります。

ダブルトラック

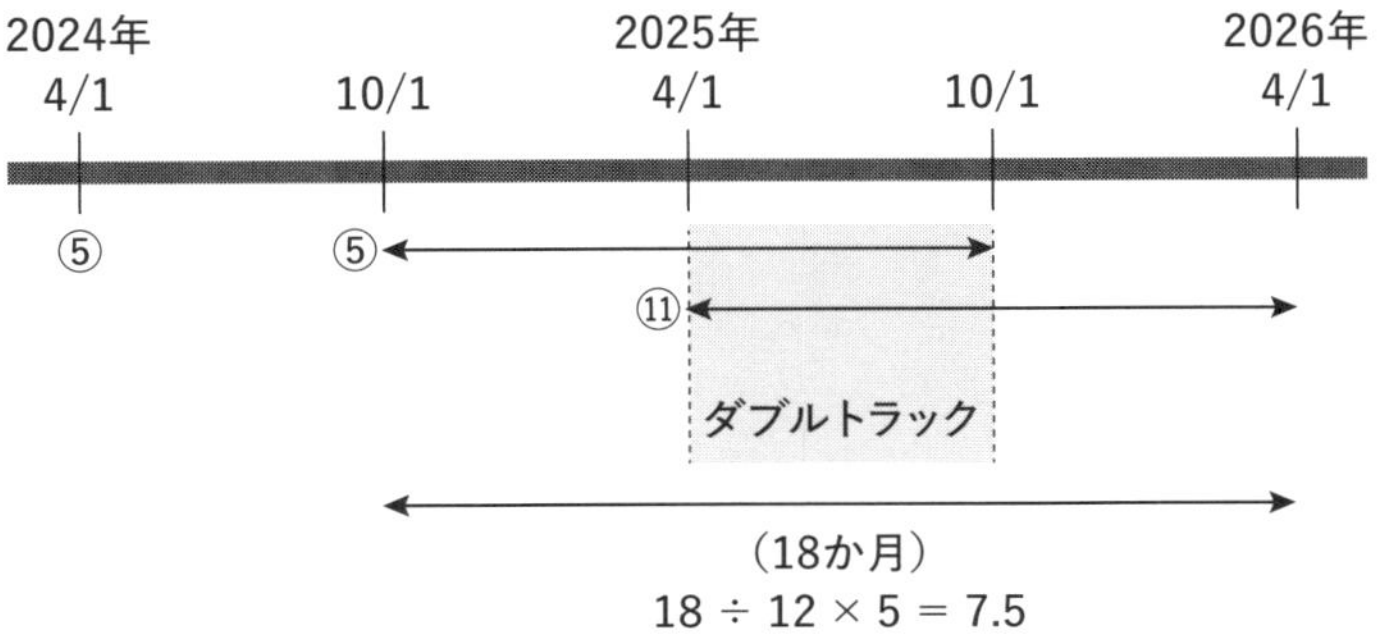

4 半日単位や時間単位で年休を取れますか？

●会社が認めるなら半日単位での取得ができる

年次有給休暇は本来、1労働日単位で取得するのが原則です。しかし、ちょっとした用事を済ませたい時などは丸1日休む必要がなく、半日単位で取得できたら便利な時もありますよね。

年次有給休暇の半日単位での取得に関しては、法律に規定されていませんので、会社には半日単位での取得を認める義務はありません。しかし、従業員が希望し、会社が同意した場合は、半日単位での取得が認められています。年休の取得率向上にもつながることですし、会社・従業員双方にとってデメリットが特にないことから、問題ないとされています。

会社が半日単位での取得を認めている時は、就業規則に規定されているはずです。「半日」の定義も含めて確認してみてください。正午を境に午前半休と午後半休になるのか、あるいは所定労働時間の半分の時間を「半日」とするのかは会社によって違います。

ただし、半日単位での取得は、本来の1日単位での取得を阻害しない範囲で運用される必要があります。上限日数に関しても就業規則に規定されている場合がありますので、確認してみてください。

また、従業員が1日単位での取得を希望しているのに、会社が半日単位での取得を強いることはできません。

●労使協定が結ばれていれば時間単位での取得もできる

一方、年次有給休暇の時間単位での取得については、従業員の過半数を代表する者などと会社が労使協定を結んだ場合に認められています（分単位で取得することはできません）。これもやはり、年休の取得率向上を目的とした制度です。略して「時間単位年休」と呼ばれたりします。

ただし、あくまで従業員が時間単位での取得を希望する場合に限ります。従業員が日単位での取得を希望しているのに、会社が時間単位に変更したりすることはできません。また、時間単位での取得は年に5日分が上限となります。

では、1日分の年次有給休暇は何時間分の時間単位年休として利用できるのでしょうか？

これは、所定労働時間数を元に決められています。時間に満たない端数がある場合には、時間単位に切り上げます。例えば、1日の所定労働時間が7時間30分の場合、8時間分の時間単位年休として利用することができるのです。

また、賃金に関しては、年次有給休暇を取得した時に支払われる賃金は次のいずれかで、就業規則に定めてあるものになります。

①所定労働時間労働した時に支払われる通常の賃金
②平均賃金
③健康保険の標準報酬日額（労使協定が必要）

そのため、時間単位年休1時間分の賃金額は、就業規則に定められた上記①〜③のいずれかの額を、その日の所定労働時間数で割った額となります。

なお、時間単位年休も年次有給休暇ですので、事業の正常な運営を妨げる場合は、会社から時季変更権を行使される場合があります。また、時間単位年休は年次有給休暇の計画的付与の対象とはなりません。

5

退職届を出した後でも年次有給休暇を取れますか？

●退職届を提出済みでも解雇予告をされていても年休は取得できる

付与された年次有給休暇を取得する権利は、退職届を提出したり、解雇予告をされたりすることで消滅するものではありません。在職中である限り、当然その権利を行使することができます。

一方で、会社には時季変更権がありますので、「事業の正常な運営を妨げる場合」にはそれを行使される可能性はあります。ただし時季を変更できるのは、あくまで「退職日までの範囲内」です。

例えば、退職日までの所定労働日数が30日であり、年休の残日数も30日である人がいたとします。この人が残りの所定労働日のすべてについて年次有給休暇を取得しようとした場合、退職日までの範囲内で変更できる時期がありませんよね。なので、会社は時季変更権を行使できません。本人の希望通りに年休を取得することができます。

もっとも、そうすることで必要な引継ぎが行えなかった場合などは、それを理由に懲戒処分を受けたり、退職金の金額に影響したりすることがあり得ますので、その点は就業規則を確認するなど十分に注意してください。

●退職日は年次有給休暇の残日数を確認して決めよう

なお、年次有給休暇は所定労働日にしか取得できません。休日に取得することはできないのです。そのため、年次有給休暇をすべて消化して退職したいのであれば、退職日までの所定労働日数と、自分の年休の残日数をよく確認してから退職日を決めてください。

つまり、退職日までの所定労働日数が年休の残日数より多くなるように退職日を設定して、退職届を出すのです。残りの所定労働日数の方が少ない場合、消化しきれなかった年次有給休暇の権利は退職と同時に消滅します。ムダになってしまうのです。

未消化の年次有給休暇を買い取ってほしいと交渉しても、会社には応じる義務はありません。この2つの日数を正確に把握しておくことはとても重要ですので、注意深くカウントしてください。よく分からなければ、会社の人事労務担当者に聞いてみても良いでしょう。

◉退職後に計画付与される予定の日数も取得できる

では、年次有給休暇の計画的付与が行われている会社で、計画的付与が行われる日よりも前に退職する場合はどうなるでしょうか?

この場合、計画的付与が予定されている日数分の年次有給休暇を、退職時に取得してしまって構いません。

計画的付与は、その付与日が所定労働日であることを前提に行われるものです。したがって、それより前に退職する従業員に対して計画的付与をすることはできないのです。

このことをご存じない会社の担当者も多いかと思います。正しい知識を「情報提供」してあげましょう。

◉もうすぐ退職する従業員にも年次有給休暇は付与される

もし、あなたが6年6か月以上勤続していて、年次有給休暇の付与日が4月1日だとします。すると、通常であれば4月1日に20日の年次有給休暇が付与されますよね。

ではここで、あなたが4月30日を退職日とする退職届を提出していたとしたらどうでしょうか？　年次有給休暇は付与されないのでしょうか？　あるいは1か月分、つまり20日の12分の1の日数だけ付与されるのでしょうか？

答えは「通常通り20日の年次有給休暇が付与される」です。

年次有給休暇は一定期間継続勤務し、直前1年間（初回は6か月）の出勤率が8割以上あれば、所定の日数が付与されます。年次有給休暇が付与されるための条件は、この2つだけなのです。付与日から退職予定日までの期間はまったく関係ありません。

ですから、（退職日までにすべて消化できるかどうかは別問題として）通常通り20日の年次有給休暇が付与されることになるのです。

6

休みが取れないので、年次有給休暇を買い上げてもらえますか？

●年次有給休暇を買い上げてもらえる場合がある

年次有給休暇制度の趣旨は、従業員の心身の疲労を回復させることにあります。なので原則として、会社が年次有給休暇を買い上げる（従業員の立場からすれば年休をお金で売る）という行為は、制度の趣旨に反するため認められていません。お金は入っても心身の疲労回復にはつながりませんからね。

つまり、もしあなたが年休を取得しようとした時に、会社が「年休を買い取るから出勤してほしい」と言ってきたとしても、応じる必要はありません。それは労働基準法違反となります。

ただし、以下の3つの場合に限り、年休の買い上げが例外的に認められています。

①法定の日数を超えて付与された年次有給休暇

年次有給休暇の付与日数は法律で決まっています。もし、会社がそれを上回る日数の付与を行っていた場合、法定の日数を上回る分については、買い上げが認められています。

②付与されてから2年経過して時効消滅する年次有給休暇

年次有給休暇は付与日から2年経過すると時効で権利が消滅します。この時効消滅してゆく日数分については、買い上げが認められています。

③退職時に未消化の年次有給休暇

退職日までに消化しきれなかった年次有給休暇の残日数についても、買い上げが認められています。退職後には年休の取得ができなくなるため、買い上げても従業員に不利益がないからです。

いずれのケースも義務ではないので、会社に年休の買い上げを頼んでも、応じてもらえないこともありますが、交渉してみる価値はあるかもしれませんよ。

◉年次有給休暇の買い上げ単価は会社との話し合いで決めてOK

では、年次有給休暇を買い上げてもらう時の金額はどうなるのでしょうか？

一般的には取得時に支払われる金額と同じになることが多いと思います。年次有給休暇を取得した時に支払われる賃金は、次のいずれかでしたね。

> ① 所定労働時間労働した時に支払われる通常の賃金
> ② 平均賃金
> ③ 健康保険の標準報酬日額（労使協定が必要）

ただし、年次有給休暇の買い上げは法律で決まっているわけではないので、その金額は会社と従業員で話し合って合意すれば、自由に決めることができます。

どうかすると、会社によってはずいぶん安い金額を提示してくる場合があるかもしれません。どういう経緯で年休の買い上げに至ったかにもよりますが、単価があまりに安いと感じたならば、金額を交渉してみましょう。

特に、退職勧奨に応じるインセンティブの1つとして、年休の買い上げが提示されているような場合には、強気で交渉して、通常の賃金よりも高い金額での買い上げを求めてみても良いでしょう。

●退職時に未消化の年休を買い上げてもらっても社会保険料はかからない

なお、法定の日数を超えて付与された年休や、時効消滅してゆく年休を、在職中に買い上げてもらうと「給与所得」となります。通常は「賞与」として扱われ、社会保険料が発生します。

これに対し、退職時に未消化の年休を買い上げてもらった場合、一般的には「退職所得」として処理され、社会保険料はかかりません。もし、社会保険料が控除されていたら、会社に「確認」してみてください。

7

パートから正社員になりましたが、年休はどうなりますか？

◉5つのルールにあてはめて考える

パートタイマーだった方が正社員になった場合など、途中で労働契約の内容が変更になったら、年次有給休暇の扱いはどうなるのでしょうか？

このような場合、以下の5つのルールにあてはめて考えていきます。

① 付与日数は基準日の労働条件で判断する
② 付与されるのは基準日だけ
③ 勤続年数は通算する
④ 残日数は引継がれる

⑤取得した日の労働条件で賃金が支払われる

●年休の残日数も勤続年数も引継がれる

では、具体的な例で考えてみましょう。

例えば、１日の所定労働時間が６時間で、週４日勤務のパートタイマーが２０２４年４月１日に入社したとします。出勤率が８割以上あれば、６か月経過後の２０２４年10月１日には７日の年次有給休暇が付与されます（比例付与）。このままなら、次は２０２５年10月１日に８日の年次有給休暇が付与されるはずです。

しかし、この方は２０２５年４月１日に正社員に転換されました。すると、途中で労働契約の内容が変更になっても基準日は変わらないので、２０２５年10月１日に正社員としての日数が付与されます（ルール①）。

その際、勤続年数はパートタイマー時代から通算して入社１年半が経過していると考えますから、付与日数は11日となります（ルール③）。

なお、正社員は入社6か月後に10日、週4日勤務のパートタイマーは7日の付与ですが、正社員に転換された2025年4月1日に不足分の3日を追加で付与するなどということはしません（ルール②）。

また、もし2025年10月1日時点で、パートタイマー時代に付与された7日のうち3日が残っていたら、これは繰越されます。つまり、正社員として付与された10日と合わせて、13日の年次有給休暇の残日数があることになります（ルール④）。

●賃金は年次有給休暇を取得した日の労働条件に応じる

仮に、この方が2025年11月10日に年次有給休暇を1日取得したとします。そして、この会社では従業員が年次有給休暇を取得した時に「所定労働時間労働した場合に支払われる通常の賃金」を支払うルールになっていたとします。

では、2025年11月10日の年休取得に対する賃金はどうなるのでしょうか？

その時点でこの方は正社員になっていますので、正社員としての1日分の賃金が支払われます。たとえパートタイマー時代に付与された年休の繰越分から取得していたとしても、あくまで取得日の労働条件に応じて賃金が支払われるのです（ルール⑤）。

●正社員からパートになった場合も同様

反対に、正社員からパートタイマーになった場合や、パートタイマーのままであるが週の所定労働日数などの労働条件が変更になった場合も同じことです。さきほどの５つのルールにあてはめて考えてみてください。

なお、正社員からパートタイマーへ、あるいはパートタイマーから正社員へと雇用形態を変更する際に、形式的にいったん退職したことにして、改めて新規に入社した扱いにするケースが時々見られます。そのような場合でも、実態として雇用が継続していると考えられるなら勤続年数は通算されますし、年休の残日数も繰越されます。勤続年数や残日数がリセットされてしまうと損をしてしまいますので、注意してください。

8

自分の年休があと何日残っているのか知りたいのですが……

◉残日数は給与明細に記載されていることが多い

労働基準法では、会社が従業員に対し、年次有給休暇の残日数を通知することを義務付けていません。

ただし、厚生労働省が策定する「労働時間等見直しガイドライン」（労働時間等設定改善指針）では、年次有給休暇を取得しやすい環境を整備し、その取得率を向上させることを求めています。そのためには、従業員が自分の年休取得状況や残日数を正確に把握していた方が良いことは言うまでもありません。

実際に多くの会社では、給与明細に年次有給休暇の取得日数や残日数を記載しています。これにより従業員さんは毎月、自分の年次有給休暇があと何日残っているか知ることができ、年休を取得しやすくなるのです。ぜひ、ご自分の給与明細を確認してみてください。

また、勤怠管理ソフトを導入している会社においては、従業員さんがご自身で勤怠管理ソフトにログインして、年休の取得日数や残日数を確認できる場合があります。操作方法などは、会社の人事労務担当者に確認してみましょう。

●会社は年次有給休暇管理簿を作成する義務がある

なお、会社は年次有給休暇を付与した時、労働者ごとに基準日、時季、日数を記録した「年次有給休暇管理簿」を作成し、5年間（経過措置として当面3年間）保存しなければならないと決まっています。

●基準日……会社が年次有給休暇を付与した日のこと。一斉付与などにより、初回の付与日と2回目以降の付与日が異なる場合は、基準日を2つ記載する。

●時季………従業員が年次有給休暇を取得した日付のこと。
●日数………基準日から1年以内の期間における年休取得日数のこと。

この年次有給休暇管理簿を見れば、年休の残日数を含め、いろいろな情報が一目瞭然です。では、会社は年次有給休暇管理簿を従業員に開示する義務はあるのでしょうか？

実は、年次有給休暇管理簿の作成・保存は義務付けられているのですが、従業員への開示は法律上の義務ではありません。

●年次有給休暇管理簿で年休の取得状況を確認できる

ただし、前述の「労働時間等見直しガイドライン」において「使用者は年次有給休暇管理簿を作成するのみならず、年次有給休暇管理簿の確認を行い、年次有給休暇の取得状況を労働者および当該労働者の業務の遂行を指揮命令する職務上の地位にある者に周知すること」で、年休の取得促進をすることが求められています。つまり、会社は従業員本人やその上司に対し、年次有給休暇管理簿に記録された取得状況を周知することが求められているのです。

また、厚生労働省が公開している年次有給休暇管理簿のサンプルを見ても、直属上司印や部門長印に加えて、本人印の欄が設けられています。

これらのことから、会社は従業員に対し、年次有給休暇管理簿を見せるべきであると考えられます。もし、給与明細や勤怠管理ソフトで自分の年休残日数が確認できない時は、年次有給休暇管理簿を見せてもらいましょう。

第６章

出産や育児、介護のための「休業」を取ろう

1

妊娠したのですが、いつから休めますか？

●すべてのママは「産前産後休業」を取得できる

妊娠中および出産後の母体の保護を目的として、労働基準法で定められた制度として「産前産後休業」があります。正社員だけでなく契約社員、パートタイマー、アルバイトなど、雇用形態に関わらず誰でも取得することができます。

このうち「産前休業」は、出産予定日から逆算して6週間前以降に、会社に申請することで取得できます。双子などの多胎妊娠の場合は14週間前からとなります。ただし、取得は義務ではないので、働きたい希望があれば、出産前日まで働くことができます。

もし、実際の出産日が予定日より遅れた場合は、その分だけ産前休業も延長されます。逆に実際の出産日が予定日より早まった場合は、出産日までで産前休業は終了です。出産当日は産前休業の期間に含まれます。

　また、出産日の翌日から8週間は原則として働くことはできませんので「産後休業」を必ず取得することになります。ただし産後6週間が経過した後は、働きたいという希望を出せば、医師が支障なしと認めた業務に就くことができます。

　もっとも、後述するように産前産後休業中は出産手当金が受給でき、社会保険料も免除になりますので、母体や胎児の保護も考えると、無理して働くのは得策ではないかもしれません。

産前産後休業期間の例（単胎児の場合）

●申出時点

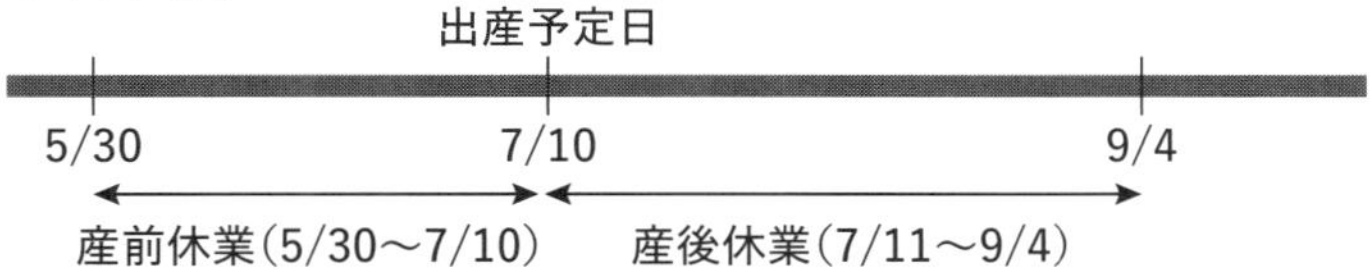

●出産日が予定日より遅れた場合

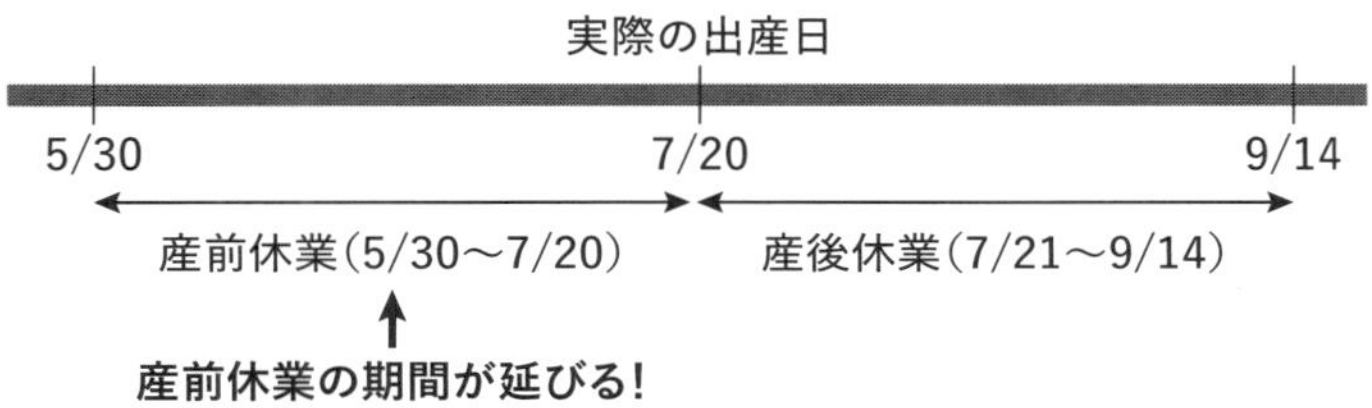

◉休業中は出産手当金が支給され、社会保険料は免除される

産前産後休業中の給与の支給に関しては、法律で決められていないため、会社の規定によります。一般的には無給になるケースが多いかと思います。

ただし社会保険に加入している場合には、健康保険から「出産手当金」が支給されます。出産手当金の額は、給与額の約3分の2です。もし産休中に出産手当金より少ない額の給与が支払われた場合には、その差額が支給されます。

なお、出産手当金の「出産」とは、妊娠4か月以上の分娩を指します。1か月は28日として計算するので、妊娠85日以上であれば、死産や人工中絶も含まれます。

また、産前産後休業中は社会保険料が免除になります。つまり、健康保険料や厚生年金保険料を、従業員負担分も会社負担分も払う必要がなくなるのです。

出産手当金や社会保険料免除の申請は、通常は会社がやってくれるはずですが、念のため確認しておくと良いでしょう。

◉産後1年経つまでは特別な配慮が受けられる

ちなみに、妊娠中および産後1年経過するまでの女性を「妊産婦」と言い、産前産後休業以外にも、さまざまな配慮が受けられることになっています。

まず、妊産婦には有害な業務（重量物を扱う業務や有毒ガスが発生する場所での業務など）をやらせてはいけないことになっています。

また、妊産婦が希望した場合には、時間外労働や休日労働、深夜業が免除されます。ここで深夜業とは、午後10時から午前5時までの勤務のことを指します。このような勤務の可能性がある場合には、母体保護の観点から、免除を申請すると良いかもしれません。

さらに、妊娠中の女性は、他の軽易な業務への転換を会社に請求することもできます。身体に負荷のかかる業務に従事されている方は、検討してみてください。

なお、産前産後休業期間中（およびその後30日間）の女性を解雇することは禁止されていますが、妊産婦に対する解雇も、妊娠・出産等が理由でないことを会社が立証できなければ無効となります。

2

育休って父親も取れますか？

◉育児休業は夫婦とも取ることができる

1歳未満の子を養育する従業員なら誰でも、会社に申出て、育児休業を取ることができます。もちろん、女性だけでなく男性も取得できます。

ただし、契約社員など、期間を定めて雇われている従業員は「子が1歳6か月に達する日までに労働契約が終了することが明らかでない場合」に限ります。これは、労働契約の終了後まで育児休業を与えることができないからです。

育児休業の対象となる子を出産した女性は、産後8週間の産後休業を取得しますので、その産後休業の終了日の翌日から育児休業を取得できます。それに対し、男性の場合は、出産予定日から取得できます。

また、育児休業は2回に分割して取得することもできます。以前は育児休業の取得回数は1回だけでしたが、現在は夫婦それぞれ2回の分割取得が可能ですので、利用しない手はありません。夫婦のどちらかだけに負担が集中しないよう、分割取得を大いに活用して、交代で育児休業を取得するのも賢い方法の1つです。

◉育休を取るかどうか会社の方から聞く義務がある

育児休業を取る場合、原則として開始予定日の1か月前までに「育児休業申出書」を会社に提出して申請します。育児休業申出書には養育する子の氏名や生年月日、続柄、休業期間などを記載します。用紙は会社に準備されているはずです。

なお、従業員が本人または配偶者の妊娠・出産を申し出た場合、会社は育児休業制度に関する事項を個別に説明し、制度を利用する意向があるか確認する義務があります。つまり、従業員に子どもが生まれると知ったら、男性に対しても女性に対しても、育児休業を取るかどうか会社の方から聞かなければならないのです。

もちろん、「あなたは育児休業を取らないよね?」などと聞くことは許されません。

◉休業中は育児休業給付金が支給される

また、雇用保険に加入している従業員が育児休業を取得した時には、雇用保険から育児休業給付金が支給されます。

ただし「休業開始日前2年間に11日以上（または80時間以上）働いた月が12か月以上ある」という条件があります。

金額は1日あたり、最初の180日間は休業開始時賃金日額の67％、それ以降は50％になります（上限・下限あり）。休業開始時賃金日額とは、育児休業開始前6か月間の賃金総額を180で割った金額です。

育児休業を開始した日から起算した1か月ごとの期間を「支給単位期間」といいます。各支給単位期間に支給される金額は、原則として次の通りです。

各支給単位期間の支給額
＝休業開始時賃金日額×支給日数（原則30日）×67％（または50％）

育児休業期間中に賃金が支払われた場合には減額支給となることがあります。休業開始時賃金日額×支給日数のことを賃金月額と言いますが、賃金月額の80％以上の賃金が支払われた支給単位期間には、育児休業給付金は支給されません。また、支給単位期間の就業日数が10日を超え、かつ80時間を超えたときも支給されません。

育児休業給付金の支給率だけを考えると、可能であれば男性も6か月間（180日）は育児休業を取得した方がお得だとも言えますね。

●休業中は社会保険料も免除される

さらに、育児休業中は社会保険料が免除になります。

具体的には、ある月の末日に育児休業を取得していれば、その月の社会保険料は免除になります。例えば7月20日～10月10日まで育児休業を取った場合、7月31日、8月31日、9月30日に育児休業を取得しているので、7月分、8月分、9月分の社会保険料が免除になるわけです。10月31日には育児休業を取得していないので、10月分は免除になりません。

ということは、仮に7月31日に1日だけ育児休業を取った場合にも、7月分の社会保険料は免除になるわけです。賛否が分かれるかと思いますが、今の制度ではそうなっています。もし月末に1日だけ休むのであれば、健康保険料と厚生年金保険料を合わせて数万円の金銭的メリットがあるため、年次有給休暇を取得するのではなく育児休業の取得をした方がお得になるケースが多いでしょう。

なお、月の途中で14日以上の育児休業を取った場合には、末日を含んでいなくても社会保険料が免除になります。

また、賞与の場合には、1か月を超える育児休業のみ免除対象となります。

●育休を取っても不利益な扱いを受けることはない

男女雇用機会均等法（正式名称は「雇用の分野における男女の均等な機会及び待遇の確保等に関する法律」）では、女性労働者が妊娠や出産をしたことなどを理由として、解雇その他の不利益な取扱いをすることを禁止しています。

さらに、育児・介護休業法（正式名称は「育児休業、介護休業等育児又は家族介護を行う労働者の福祉に関する法律」）では、労働者が育児休業の申出や取得をしたことなどを理由として、解雇その他の不利益な取扱いをすることを禁止しています。

ここで「理由として」とは、妊娠・出産・育児休業等と不利益な取扱いとの間に「因果関係」があることを指します。原則として、妊娠・出産・育児休業等から1年以内に不利益な取扱いがなされた場合は「理由として」いると判断され違法となります。

万一、このような取扱いをされた場合には、都道府県労働局の雇用均等室というところへ相談してください。

また、妊娠・出産や育児休業等の取得・申出などをしたために、上司や同僚から嫌味を言われたり、嫌がらせをされたりして就業環境を害されたら、「職場における妊娠・出産・育児休業等に関するハラスメント」に該当する可能性がありますので、ただちに会社のハラスメント相談窓口に相談してください。

3

育休はいつまで取れますか？

◉夫婦がともに育児休業を取る場合は1歳2か月まで

育児休業は、原則として、出生日から子が1歳に達する日（誕生日の前日）までの間で、従業員が申出た期間について取得できます。

しかし、これには特例があります。両親がともに育児休業を取得する場合に、以下の条件をすべて満たすと、子が1歳2か月に達するまでの間で育児休業を取得できるようになります。この制度を「パパ・ママ育休プラス」と言います。男性の育児休業の取得を促すための制度です。

①配偶者が、子が1歳に達する日までに育児休業を取得していること
②本人の育児休業開始予定日が、子の1歳の誕生日以前であること
③本人の育児休業開始予定日が、配偶者がしている育児休業の初日以降であること

この場合でも、母親と父親がそれぞれ取得できる育児休業期間の上限は1年間です。この1年間には産後休業や、後述する産後パパ育休の期間も含めます。

仮に、夫婦で交代して同じ期間の育児休業を取得するケースで考えてみましょう。パパ・ママ育休プラスを活用すれば、母親が産後休業終了後から6か月間、その後父親が交代して6か月間、育児休業を取得することがで

パパ・ママ育休プラスの取得例

きます。育児休業給付金の支給率は最初の6か月間は67％、その後は50％ですから、この場合は夫婦それぞれが67％の6か月間をフル活用できることになります。

◉保育所に入所できなかった場合などは最長2歳まで延長できる

さらに、子が1歳に達する時点で、次のいずれにも該当する場合には、子が1歳に達する日の翌日（誕生日）から子が1歳6か月に達する日まで、会社に申出て、育児休業を取得することができます。

①子が1歳に達する日において、本人または配偶者が育児休業をしている場合
②保育所に入所できない等、1歳を超えても休業が特に必要と認められる場合

この延長を行って、子が1歳6か月に達する時点で同様の状態にあり、さらに休業が必要な場合には、最長で子が2歳に達する日まで再延長できます（ただし、1歳時点で2歳までの延長を申出ることはできません）。

ここで言う「保育所」には認可保育園や認定こども園は含みますが、いわゆる無認可保育所は含みません。また「入所できない」とは、入所を希望し、あらかじめ入所申し込みを行っていたにもかかわらず入所できなかった場合を言います。

なお、育児休業給付金も1歳6か月（または2歳）まで延長して受給することが可能です。受給延長の手続きには、自治体が交付する不承諾通知（保留通知）など、保育所に入所できなかったことが分かる書類が必要になります。

4

父親も産休が取れると聞いたのですが……

●子の出生後8週間以内に産後パパ育休が取れる

子を出産した女性は、出生後8週間の産後休業を取得します。この時期に男性も育児休業を取得しやすくするために、「出生時育児休業」という制度があります。つまり育児休業の一種であり産休（産後休業）ではないのですが、女性が産後休業を取得する時期に取る休業なので、別名「産後パパ育休」とも呼ばれています。

出生時育児休業は、子の出生から8週間以内に最大4週間まで、通常の育児休業とは別に取得できます。2回に分割して取得することも可能です。通常の育児休業も2回まで分割して取ることができますので、合わせて最大4回までの育休取得が可能になります。

出生時育児休業を取得する時は、2週間前までに申出ることになっています。通常の育児休業の申出は1か月前ですので、それよりも期間が短縮されています。2回に分割して取得したい場合は、まとめて申出ることが必要です。

なお、出生時育児休業の申出を受けた場合には、会社は拒むことはできません。それどころか、従業員に子が生まれることを知ったのであれば、出生時育児休業についても制度の説明をしたうえで、会社の方から取得の意向を確認する義務があります。

また、通常の育児休業と同様に一定の要件を満たしていれば、休業中に出生時育児休業給付金が支給され、社会保険料も免除になります。

出生時育児休業（産後パパ育休）と育児休業を分割取得する例

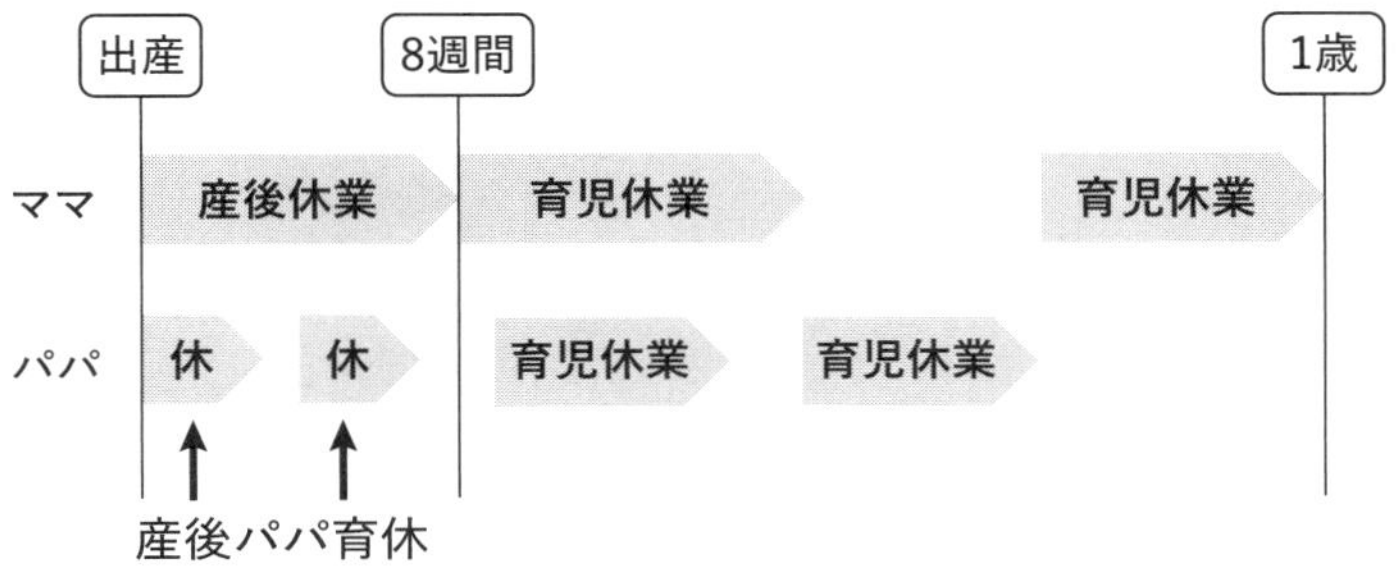

◉休業中に一部働くことが認められている

会社と従業員が事前に労使協定を締結している場合、会社と個々の従業員が合意した範囲内で、出生時育児休業中に就業することも可能です。通常の育児休業では、トラブル対応など一時的・臨時的な場合にのみ例外的に認められていますが、出生時育児休業ではこれより幅広く認められています。

出生時育児休業期間中に就業する場合は、休業期間中の所定労働日数・所定労働時間の半分まで可能とされています。休業開始日や終了予定日に就業する場合は、その日の所定労働時間数未満までとなります。

ただし、あまり働きすぎると出生時育児休業給付金がもらえなくなる可能性がありますので注意してください。

◉取得するタイミングを工夫すれば社会保険料が節約できる

なお、先ほど述べたように、出生時育児休業中も通常の育児休業と同様のルールで社会保険料が免除になります。つまり月の末日に取得しているか、月中で14日以上の取得をしている場合、その月の社会保険料が免除になるのです（ただし、就業した日はこの日数にカウントされませんので注意してください）。

母親は育児休業を2回まで分割取得でき、父親は産後パパ育休も合わせて4回まで分割取得できます。是非は別として、現実には男性が短期間の（出生時）育児休業を分割で取得するケースが多いのではないでしょうか。

ですから、もし短期間（極端な場合は1日だけ）の（出生時）育児休業を複数回取得するなら、なるべく月末に取得するようにすると、数万円の社会保険料が節約できてしまうかもしれません。

5

子どもの送り迎えのために休憩をもらえますか？

◉通常の休憩とは別に育児時間を取得できる

1歳未満の子を育てながら働く女性従業員の方は、通常の休憩時間とは別に、1日に2回、それぞれ少なくとも30分の「育児時間」を取得できます。これは労働基準法で定められた制度です。

もちろん正社員だけでなく、パートタイマーやアルバイトの方でも取得できます。ただし1日の所定労働時間が4時間以下の方は、1日1回30分の取得となります。

また、取得できるのは、あくまでも女性従業員だけです。いくら1歳未満の子を育てていても、育児休業とは異なり、男性は取得できません。

賃金に関しては、有給か無給か、会社の規定によります。就業規則を確認しておいてください。

もともとは授乳のための時間を確保する趣旨で設けられた制度ですが、使い方は限定されていません。基本的には、保育園の送り迎えなど子育てに関することであれば、育児時間をどのように利用してもOKです。従業員にも会社の担当者にもあまり知られていない制度ですが、特に有給の場合は、もっと活用されて良い制度だと思います。

◉育児時間の時間帯は自分で自由に決められる

第1章で解説した通り、お昼休みなど通常の休憩時間は、勤務時間の途中で取らなくてはなりません。通常は就業規則で何時から何時までと決まっていて、原則として皆で一斉に休憩を取る必要があります。

それに対し、育児時間を取得する時間帯は、従業員が自由に請求できます。始業時刻からの30分、あるいは終業時刻前の30分で取得することもできるのです。また、30分の育児時間を取る2つの時間帯が連続していてもOKですので、まとめて60分取得することもできます。

なお、育児時間を、後述する短時間勤務制度と混同されている方がおられますが、両者はまったく別個の制度です。育児時間は労働基準法で定められた制度であり、育児・介護休業法で定められた短時間勤務制度とは、趣旨や目的が異なります。

ですから、この2つの制度は併用することが可能です。短時間勤務中の方も、育児時間を請求することができます。つまり、原則6時間の所定労働時間の中で、合計60分間の育児休業を利用することができ、何と実働は5時間で済んでしまうわけです。その時間を育児に振り向けられますので、状況によっては活用する価値が十分にあると思います。

育児時間の取得例

6 家族の介護のために、まとまった休みを取りたいのですが……

●仕事と介護を両立するために介護休業を取得できる

介護を理由として仕事を辞めてしまうことを介護離職と言います。家族の介護が必要になる中心世代は40～50代の働き盛りであり、会社で管理職など重要な役割に就いている方も多いと思いますので、介護離職は従業員にとっても会社にとってもダメージですよね。そこで、それを防ぐために「介護休業」の制度が設けられています。

具体的には、要介護状態にある家族を介護する従業員は、対象家族１人につき３回まで、通算93日まで介護休業を取得することができます。男女問わず誰でも取得できますが、次の条件にあてはまる方は取得できません。

●日雇労働者
●取得予定日から93日経過後、6か月以内に契約が終了し、更新されないことが明らかな有期契約労働者

介護休業の対象となる家族は、配偶者、父母、子、配偶者の父母、祖父母、兄弟姉妹、孫です。同居や扶養をしている必要はありません。

また、ここで言う要介護状態とは「負傷、疾病または身体上もしくは精神上の障害により、2週間以上の期間にわたり常時介護を必要とする状態」を指します。

介護休業を取得する時は、原則として2週間前までに、書面で会社に申請します。申請用紙は会社に準備されているはずですので、確認してみてください。

なお、従業員が介護休業を申請した時は、会社は繁忙期だからなどの理由で拒むことはできません。年次有給休暇と違って、時季変更権もありません。

◉給付金は支給されるが、社会保険料は免除されない

介護休業中の賃金に関しては法律の定めがありません。そのため、有給か無給かは会社の規定によります。就業規則を確認しておいてください。通常は無給になることが多いと思います。

その代わり、一定の要件を満たした雇用保険の被保険者が介護休業を取得している間、雇用保険から介護休業給付金が支給されます。給付額は原則として次の通りです（上限・下限あり）。

> 介護休業給付金の金額＝休業開始時賃金日額×支給日数×67％

ただし、介護休業期間中に賃金が支払われていると、支給額が減額される場合があります。

また、育児休業と異なり、介護休業中は社会保険料が免除になりません。原則として子が1歳になるまで取得できる育児休業が長期間の休業を想定しているのに対し、介護

休業は最大93日間と比較的短期の休業を想定しているからです。

もし介護のために短期間のお休みをする場合、年次有給休暇（一般的に通常の賃金が支払われる）の残日数を温存したいなら介護休業（一般的に無給・給付金あり）を取得し、介護休業の93日間を温存したいなら第3章で紹介した介護休暇（一般的に無給・給付金なし）の活用を検討しても良いでしょう。

●実は「介護をするため」の休業ではない？

介護休業が通算93日までしか取得できないと聞いて、「ずいぶん短いな」と感じる方もいらっしゃるかもしれません。家族の介護は93日間では終わりませんからね。

これは実は、介護休業が「従業員本人が介護をするため」だけの休業ではないからです。地域包括支援センターやケアマネージャーと相談したり、介護サービスの手配をしたり、家族で介護の分担を決めたりするなど、仕事と介護を両立できる体制を整えるための休業なのです。

この点を勘違いして、介護休業を自分自身が家族を介護することだけに使ってしまい、このような準備をしなかった場合、結局は職場復帰ができなくなり、介護離職につながってしまう可能性があります。

継続的に介護を行っていくためには、経済的な負担がかかります。介護のために退職してしまうと経済的基盤を失ってしまうことになりますから、介護離職は可能な限り避けるべきです。介護休業中はもちろん、職場復帰後も介護は続きますので、介護休業をうまく活用して、周囲からのサポートも含め、仕事と介護を両立できる体制を作っていただけたらと思います。

7

育児や介護のために、残業や深夜労働を断ってもいいでしょうか？

◉所定外労働が免除される制度がある

育児・介護休業法には「所定外労働の制限」という制度があります。

これは3歳未満の子を育てる従業員、または要介護状態にある家族を介護する従業員が請求した場合に、会社は事業の正常な運営に支障がある場合を除き、所定労働時間を超える労働を免除しなければならない、というものです。つまり、残業をしなくてもOKなのです。

ただし、日雇従業員は対象外となります。また労使協定が結ばれている場合は、入社1年未満の従業員と、週の所定労働日数が2日以下の従業員も対象外となります。

なお、法改正により2025年4月以降は、小学校就学前の子を育てる従業員も所定外労働の制限を申請できます。

◉時間外労働が免除される制度もある

また「所定外労働の制限」と似たもので、やはり育児・介護休業法に「時間外労働の制限」という制度もあります。

こちらは小学校就学前の子を育てる従業員、または要介護状態にある家族を介護する従業員が請求した場合は、事業の正常な運営に支障がある場合を除き、時間外労働を1か月24時間以下、1年150時間以下にしてもらえる、というものです。時間外労働とは、1日8時間、週40時間の法定労働時間を超える労働を指します。

ただし、次のいずれかに該当する従業員は対象外です。

①日雇従業員
②入社1年未満の従業員
③週の所定労働日数が2日以下の従業員

先に説明した所定外労働の制限を請求できる方は、この時間外労働の制限を請求することもできますが、どちらを請求した方が良いかはケースバイケースとなります。体調面や育児時間の確保を最優先するなら所定外労働の制限、業務や収入面を考慮するなら時間外労働の制限を請求するのが良いでしょう。

所定外労働と時間外労働の違いについては、図で示しておきましたので確認しておいてください。

●深夜労働も免除してもらえる

さらに育児・介護休業法には「深夜労働の

所定外労働と時間外労働

例 始業9:00、終業17:00、1時間の休憩を除き実働7時間

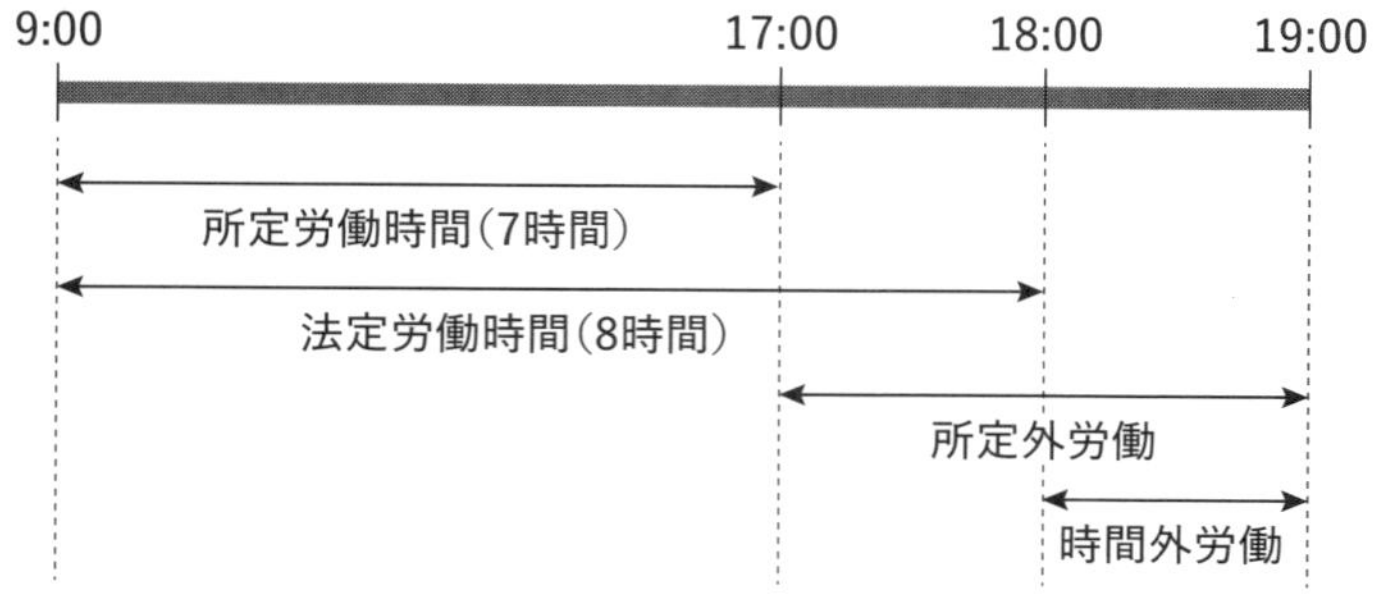

制限」という制度もあります。

これは小学校就学前の子を育てる従業員、または要介護状態にある家族を介護する従業員が請求した場合に、事業の正常な運営に支障がある場合を除き、午後10時から午前5時までの労働、つまり深夜労働が免除される、というものです。

ただし、次のいずれかに該当する従業員は対象外です。

①日雇従業員
②入社1年未満の従業員
③週の所定労働日数が2日以下の従業員
④保育または介護ができる16歳以上の同居の家族がいる従業員
⑤所定労働時間の全部が深夜にある従業員

育児や介護のことを考えると、制度を利用できる従業員の方は、少なくともこの深夜労働の制限は請求しておいた方が良いのではないかと思います。

◉時短勤務も認めてもらえる

育児・介護休業法には「短時間勤務制度」も定められています。

これは3歳未満の子を育てる従業員が請求した場合に、1日の所定労働時間を原則として6時間とする短時間勤務に変更できる、というものです。

ただし、次のいずれかに該当する従業員は対象外です。

①日雇従業員
②1日の所定労働時間が6時間以下の従業員
③労使協定によって除外された以下の従業員
(ア)入社1年未満の従業員
(イ)週の所定労働日数が2日以下の従業員
(ウ)短時間勤務が困難な業務に従事している従業員

また、要介護状態にある家族を介護する従業員が請求した場合も、原則として短時間勤務などの制度を利用することができます。

先に述べましたが、取得条件を満たしていれば、短時間勤務をしている女性従業員の方も1日2回、各30分の育児時間が取得できます。育児時間は無給なこともありますので一概には言えませんが、育児の状況によっては併用を検討しても良いでしょう。

◉育児・介護に関して不利益な取扱いをされることはない

ちなみに、短時間勤務制度など育児・介護休業法で定められた各種制度の利用を申出たり、実際に利用したことで、会社が従業員に対し不利益な取扱いをすることは禁止されています。不利益な取扱いとは解雇、雇止め、降格や減給などのことです。

万一、そのような扱いを受けた場合は、都道府県労働局の雇用均等室に相談してみてください。費用はかかりませんし、匿名でも大丈夫です。まずは気軽に電話してみましょう。「労働局」と聞くとずいぶん敷居が高く感じられる方もいらっしゃるかもしれませんが、そんなことはありません。親切に対応してくださり、プライバシーも守られますので、安心して相談してみてください。

第7章

会社の都合や仕事中の事故による「休業」も知っておこう

1

仕事をしたいのに会社から「今日は休め」と言われたんですが、給料は出るのでしょうか？

◉会社の都合で働けなかった場合には、休業手当を受け取れる

従業員は働く意思があるのに、「仕事がない」などの会社側の都合によって休業した場合には、会社は従業員に対し平均賃金の6割以上の休業手当を支払わなければならないことになっています。

働いていない時間には賃金が支払われない「ノーワーク・ノーペイの原則」は、このような会社の都合による休業の場合には適用されません。働こうとしても働けず、給料も支払われなければ、従業員は生活できなくなってしまうからです。

これは全従業員一斉に休業する場合も、一部の従業員だけが休業する場合も、あるいは1人だけが休業する場合も同じです。また、丸1日休業する場合はもちろん、勤務時

間の一部だけの休業（一部休業）でも同じことが言えます。

休業手当は賃金ですので、通常の賃金支払日に支払われます。もし、このような取扱いがなされていない場合には、会社に「確認」してみましょう。

●「会社の都合」の範囲はかなり広い

なお、会社の都合とは、地震・台風などの天災事変のような不可抗力の場合を除き、ほとんどすべての場合で該当する可能性があります。

例えば「不景気で仕事がない」「親会社の経営難により資材・資金の供給が受けられない」「機械の故障・修理」「監督官庁の勧告による操業停止」など、一見、会社の責任ではないように見えるものも幅広く含まれます。

また、新卒の採用内定者が予定されていた入社日を繰り下げられ、いわゆる自宅待機を命じられたような場合にも、その間の休業手当の支払いが必要とされます。

◉平均賃金の60%以上の金額が支給される

さきほど「休業手当は平均賃金の6割以上」と説明しました。では、平均賃金はどのように求めるのでしょうか？

平均賃金とは、原則として、休業日（2日以上の場合はその初日）以前の3か月間の賃金総額を、その期間の総日数（暦日数）で割った金額を指します。賃金締切日がある場合には、直前の賃金締切日から3か月遡ります。

①平均賃金＝3か月間の賃金総額÷3か月間の総日数（歴日数）

ただし、時給制や日給制などの場合は次の②の計算も行い、①と②の高い方を採用することになります。

②平均賃金＝（3か月間の賃金総額÷3か月間に働いた日数）×0・6

こうして平均賃金が求められたら、以下の計算式で休業手当の金額を計算します。

休業手当＝平均賃金×0・6（以上）×休業日数

休業手当は労働基準法で定められたルールですので、会社の都合で仕事を休んだ時には必ず受け取ってください。支払わない会社には罰則があります。

2

朝、雨天中止の連絡がきて休んだ日の給料はどうなるの？

●当日に連絡がきた場合は、会社の都合による休業

建設業における現場作業など、屋外で業務を行う場合、もともと所定労働日で出勤する予定だったとしても、雨が降ると作業ができないことがありますよね。そのようなケースで、当日の朝に会社から連絡が入って、今日はお休みするように言われたとします。

天候は人の力ではどうすることもできない自然現象ですから、このような休業は不可抗力のようにも思えますが、そうとは限りません。前項で述べたように、台風などは別として、会社の都合による休業として休業手当の支払いが必要になる可能性が高いのです。

ところが、休業手当の支払いどころか、その日を欠勤扱いとして給料をカットしている会社も時々見受けられます。これでは雨が続いた時には、給料が大きく減ってしまいます。会社に休業手当の支払いを求めるなり、事務所内作業を申し出るなりして、収入を確保するのが良いでしょう。

●不可抗力による休業と認められるハードルは高い

なお、その休業が会社の都合ではなく、不可抗力によるものだと認められるのは、以下の２つの要素をいずれも満たしている場合に限られます。

①その原因が事業の外部より発生した事故であること
②事業主が通常の経営者としての最大の注意を尽くしてもなお避けることができない事故であること

例えば「地震や台風により社屋や工場などが直接的な被害を受けて業務ができなく

なった場合」や「交通機関が完全に途絶した場合」「電力の供給が停止された場合」などが考えられます。単に「台風だから従業員の安全のため、会社の判断で大事を取って休業させる」などのケースは含まれません。

また、在宅勤務が可能なのにこれを十分検討せず休業させた場合は、上記②を満たしていないとして、休業手当の支払いが必要になる可能性があります。

ちなみに、不可抗力による休業の場合に賃金の支払いがどうなるかは、就業規則の定めによります。

●当日の朝の連絡では振替休日にできない

また会社によっては、所定労働日が雨天だった場合にその日を休日にして、本来休日だった日に出勤させる場合もあります。いわゆる、休日の振替です。

この場合、就業規則に規定されていれば休日を振替えること自体は可能なのですが、休日の振替をするためには事前に、つまり前日までに従業員に連絡する必要があります。

ところが第2章で説明したように、休日は午前0時から午後12時までの24時間休んで、はじめて休日となります。つまり当日の朝の連絡では、その日がすでに始まっており、振替休日は成立しないのです。

それにもかかわらず強引に振替休日として扱っているケースも見受けられますが、このような会社では、振替えた結果、週の労働時間が40時間を超えた分の割増賃金さえ支払っていない可能性が高いと思われますので、注意してください。

3

仕事中に怪我をしたら、いつまで休めますか？

◉仕事中の怪我には労災保険が使える

仕事中に業務が原因となって起きた怪我や病気のことを「業務災害」と言います。また、通勤による怪我や病気のことを「通勤災害」と言います。

業務災害や通勤災害には労災保険が使えます。治るまで治療費は全額無料になりますし、会社を休んでいる間、給料の約8割相当が支給されます。ですから、経済的な負担の心配をすることなく療養に専念できるわけです。

ところが、このような場合に健康保険証を使って病院や薬局にかかる方が見受けられます。自分で3割負担するからそれでいいというわけではありません。そもそも、業務災害や通勤災害には健康保険は使えないのです。もし使ってしまった場合は、健康保険への返金手続きなどが必要になり、会社も従業員もたいへん面倒なことになってしまいます。

病院の窓口では必ず、仕事中または通勤中の怪我であることを伝えて治療を受けてください。労災保険には、従業員ごとに発行される保険証はありませんので、口頭で申し出るだけで労災扱いになります。書類は後から提出すれば大丈夫です。

ごくまれに「うちは労災保険に入っていないよ」などという会社もあるようですが、正社員、パート、アルバイトを問わず、従業員を1人でも雇っている会社は、労災保険に加入し保険料を納める義務があります。ですから労災保険が使えないなどということはありません。ちなみに保険料は全額、会社負担となります。

万一、会社が業務災害や通勤災害を認めてくれず、労災保険の手続きを取ってくれない場合でも、従業員が自分で請求できますので、労働基準監督署に相談してみてください。

◉労災には認定基準がある

ただし、仕事中や通勤中の怪我・病気が「業務災害」「通勤災害」と認められるためには、一定の条件があります。これを労災認定基準と言います。

まず業務災害については、原則として次の2つの要件を満たすと認められます。

①事業主の支配・管理下で起きた
②仕事との間に因果関係がある

つまり、仕事中であっても私的なことをしていた場合や、故意に起こした事故の場合は認められません。

一方、通勤災害は従業員が通勤によって被った怪我・病気を指します。ここで「通勤」とは、原則として次のことを指します。

①就業に関し

②住居と就業場所との間を
③合理的な経路および方法で移動すること

途中で寄り道をしたりすると、通勤とは認められなくなる場合があるので注意してください。

いずれの場合も、認定するのは労働基準監督署長です。判断が難しい場合や例外的なケースもありますので、会社や労働基準監督署に相談してみてください。

●休業には期間の上限はない

さて、業務災害や通勤災害によって怪我や病気になった時には、労災保険が下りるだけでなく、療養のために会社を休むこともできます。では、いつまで休んで良いのでしょうか?

実はこの休業期間には上限がなく、怪我や病気が治癒して職場に復帰できるようになるまで休業することができます。

あんまり長く会社を休んでいると、会社をクビになってしまうのではないかと心配される方もいるかもしれません。しかし労働基準法では、業務災害による怪我・病気の療養のため休業している期間、およびその後30日間は解雇を禁止しています。安心して療養に専念してください（打切補償が支払われた場合を除く）。

また、年次有給休暇の出勤率の算定においては、業務災害による怪我・病気の療養のため休業した期間は出勤したものとして取扱うことになっています（通勤災害にはこれらの規定は適用されません）。

4 労災で休んだ時には、お金はもらえますか？

●労災保険からは手厚い給付が受けられる

業務災害や通勤災害による怪我や病気に関しては、労災保険が使えることを前項で簡単に紹介しました。ここで労災保険から受けられる給付の種類について、もう少し詳しく説明しましょう。

①療養（補償）給付

治療にかかる費用は労災保険から全額支払われます。治療費の自己負担はありません。先ほども説明した通り、治療を受ける際には、必ず病院の窓口で仕事中や通勤中の怪我・病気であることを伝えてください。決して健康保険証を使ってはいけません。健康保険は業務災害や通勤災害をカバーしていないため、不正受給になってしまいます。

また、治療を受けた病院が労災指定病院であれば、「療養の給付請求書」という書類をなるべく早く病院に提出してください。そうすれば、窓口での支払いは不要となります。

ただし、最初に病院にかかる時は、この書類が間に合わないことがあります。その際は病院の指示に従ってください。病院により、いったん全額を支払うケースもあれば、保証金として一定額の支払いをするケースもあると思います。どちらの場合も、後日書類を提出すれば、お金を返してもらえます。

一方、治療を受けた病院が労災指定病院でない場合には、治療費はいったん全額支払うことになります。その場合は後日、領収証などを添付して「療養の費用請求書」という書類を、会社を管轄する労働基準監督署に提出してください。すると、あなたの口座にお金が振り込まれます。

②休業（補償）給付

療養のため休業した場合には休業4日目から、1日につき給付基礎日額の80%相当額が労災保険から支給されます。給付基礎日額とは、すでにご説明した平均賃金に相当する額のことです（通勤災害の場合は一部負担金200円が減額されます）。

なお業務災害の場合、休業の最初の3日目までについては、会社が平均賃金の60%を補償することになっています（通勤災害にはこの取扱いはありません）。

③その他の保険給付

①②の他にも、障害が残った場合の障害（補償）等給付、死亡した場合の遺族（補償）給付、治療が長引いた場合の傷病（補償）年金、介護を受けている場合の介護（補償）給付、葬儀を行った場合の葬祭料（葬祭給付）などの保険給付があります。

なお、労災保険の手続きは会社が行うことが多いと思いますが、本来は従業員本人が行うものです。なので会社が行ってくれない場合は自分で直接、労働基準監督署に申請をすることも可能です。

労災保険から給付を受ける権利には時効があり、申請しないと時効で消滅してしまいますので注意してください。

◉休業補償には所得税がかからない

また、さきほど説明したように業務災害や通勤災害による怪我・病気で休業した場合、休業4日目以降は労災保険から休業（補償）給付が支給されます。そして業務災害の場合は最初の3日間、会社が休業補償を支払うことになっています。これらは、給与ではなく補償なので、所得税は課税されません。

これに対し、会社の都合により休業した時に会社から支払われる休業手当は賃金ですから、所得税の課税対象となります。

「休業補償」と「休業手当」は名前がよく似ていますが、その性格は異なるのです。もし会社から休業補償が支給されて課税されていたら、どういうことか会社に「確認」してみましょう。

第8章

長期の療養には「休職」を利用しよう

1 病気の治療のため、まとまった期間のお休みがほしいんですが……

◉多くの会社が休職制度を導入している

休職とは、一般的に従業員の個人的事情により正常な労務提供ができなくなった場合に、会社の判断で在籍扱いのまま一定期間、労働義務を免除する制度です。通常は、会社が休職命令を発令することにより開始されます。

例えば従業員が病気になって、しばらくの間、働けなくなったとします。これは雇用契約上の労務提供義務が果たせなくなった状態ですので、本来であれば雇用契約の解除（解雇）が検討されるような状況です。

しかし、どんな従業員でも病気になることはあります。その都度、解雇されてしまうとすれば、安心して長く勤めることはできませんよね。また、このような場合にただちに解雇することは、社会通念上相当とは言えないかもしれません。

そこで一定の期間、従業員に療養に専念する機会を与え、従業員がなるべく退職しないで済むようにするというのが、休職制度の本来の目的です。

休職制度は、労働基準法などの法律で義務付けられている制度ではありません。ですから、導入するかどうかは会社の判断によります。ただ上記のようなメリットがあるため、実際には多くの会社で休職制度が導入されています。

◉就業規則で確認しておくべき5つのポイント

休職制度は法律で定められた制度ではないため、その内容は会社が自由に設計しています。あらかじめ就業規則で、次の点について確認しておきましょう。

①正社員のみに適用される制度か？　契約社員やパートにも適用されるのか？
②どのような場合に休職となるか？（休職事由）
③休職期間はどれぐらいの長さか？

④休職期間中は賃金が支払われるか？
⑤退職金などの算定上、勤続年数としてカウントされるか？

実際には、正社員のみに適用されることも少なくありません。休職期間は勤続年数に応じて決定され、休職期間は無給で、退職金の算定期間にも含まれないのが一般的です。

また、休職事由としては業務外の怪我や病気により労務提供ができない、あるいは不完全であるといった、私傷病休職が大多数となっています。

●従業員の側から休職を申出てもＯＫ

さて、さきほど「休職は会社が休職命令を発令することによって開始される」と説明しました。では、従業員の側から休職を申出ることはできないのでしょうか？

実は、これは可能です。もし何らかの傷病により、治療のため会社をしばらく休む必要が生じたならば、主治医の診断書を添えて、会社に休職を願い出ることができます。

もちろん休職命令を発令するかどうかの最終的な判断は会社が行うにしても、休職事由に該当していることを会社に報告するのは悪いことではありません。

会社は、従業員が健康・安全に働けるよう配慮しなくてはなりません。これを安全配慮義務と言います。従業員が自ら労務提供が困難な健康状態であることを、医師の診断書まで添えて申し出たならば、会社はこれを無視することはできないのです。

年次有給休暇の日数には限りがあります。かといって、単なる長期欠勤をしては、査定にもマイナスの影響が出てしまいます。勤めている会社に休職制度があるならば、活用を検討してみても良いでしょう。

2

休職中にお金がもらえるって本当？

◉健康保険から傷病手当金を受給できる

プライベートでの怪我や病気のために会社を休み、給料が支払われなくなった場合に、社会保険に加入しており一定の条件を満たせば、健康保険から「傷病手当金」が受けられます。傷病手当金の額は原則として、およそ給与額の3分の2です。

傷病手当金が支給されるための「一定の条件」とは、次の通りです。

①私傷病の療養のための休業であること

自費診療の場合でも、自宅療養の場合でも、仕事に就くことができない証明があれば支給対象となります。ただし、業務災害や通勤災害によるものは対象外となります。

②労務不能であること

仕事に就くことができない状態の判定は、療養担当者の意見を基に、本人の仕事の内容を考慮して判断されます。そのため、申請書類に医師等の意見を記入してもらう必要があります。診断書では代用できません。

③連続する３日間を含み４日以上休業していること

連続した３日間の休業の後、４日目以降の労務不能の日に対して傷病手当金が支給されます。この３日間を「待機」と言います。待機の期間には土・日・祝日などの公休日や、年次有給休暇を取得した日も含まれ、給与の支払いがあったかどうかは関係ありません。

④給与の支払いがないこと

傷病手当金は休業中の生活保障のための制度であるため、給与が支払われている間は支給されません。ただし給与の支払いがあっても、傷病手当金の額よりも少ない場合は、その差額が支給されます。

●待機期間のカウントの仕方

傷病手当金が支給されるためには、待機期間として連続した3日間の休業が必要です（先ほどの条件③）。この3日間は傷病手当金は支給されません。休業4日目以降に支給が開始されます。

ここでのポイントは、待機期間は連続していなければいけないということです。つまり、2日休業して1日出勤し、また休業に入っても待機は完成していないことになります。ただし、待機中に給与の支払いの有無は問われませんので、労務不能で

待機期間の考え方

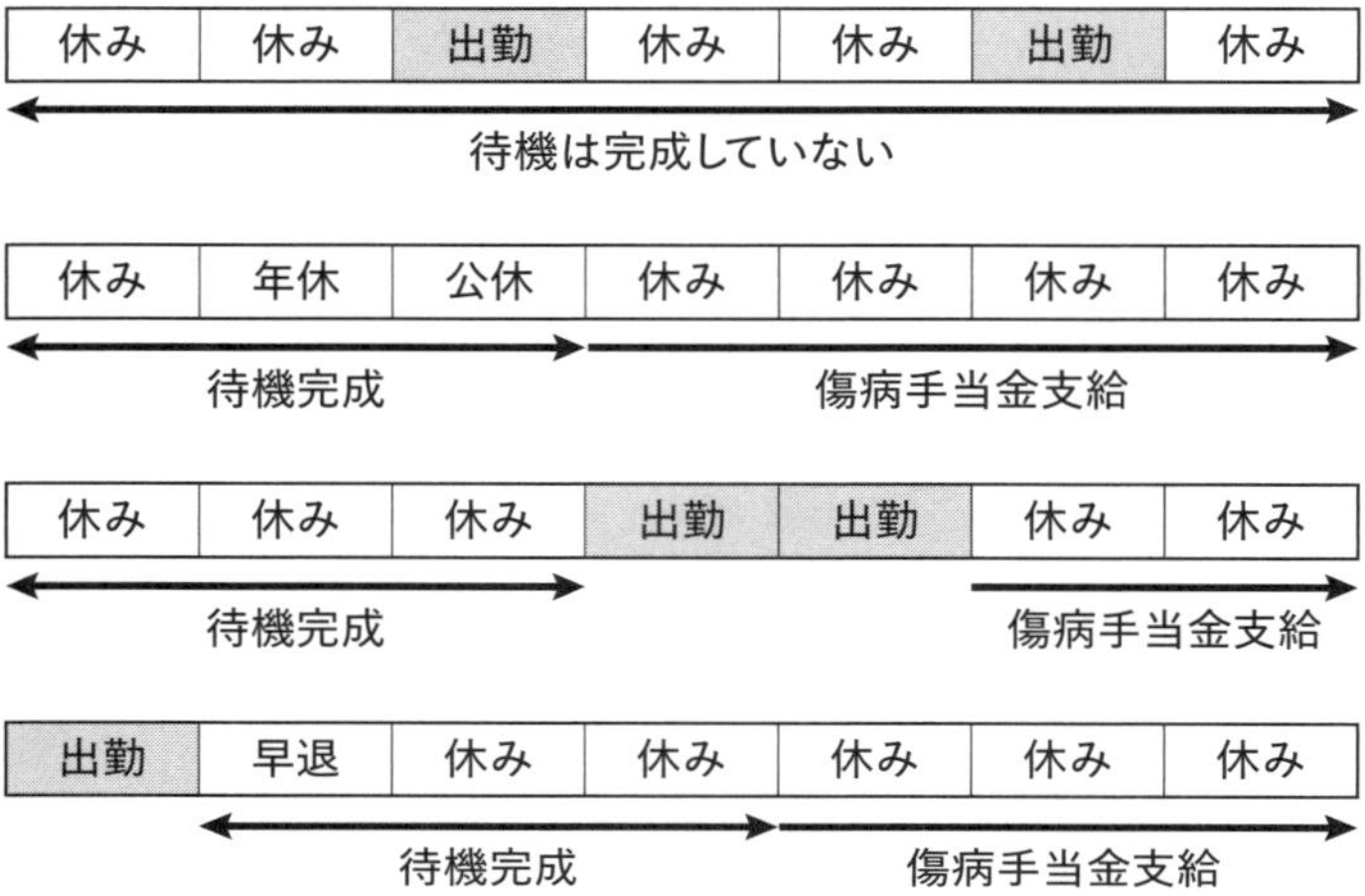

休んでいるならば、年休取得日も公休日も待機期間に算入できます。

3日間の起算日は、怪我や病気で労務不能になった日からです。もし業務中に労務不能になって早退したのであればその日から、業務終了後にそうなったのであれば翌日からカウントしましょう。

●年次有給休暇との併用も検討しよう

なお、傷病手当金が支給される期間は、待機完成後、実際に支給が開始された日から1年6か月間です。出勤するなどして傷病手当金を受けられなかった期間は除き、実際に支給された期間のみを通算して、最長で1年6か月までの間になります。もちろん怪我や病気が治り、労務不能の状態でなくなった時には、そこまでで終了します。

私傷病での休職中などで長期のお休みが想定される時には、会社が傷病手当金の手続きを行ってくれるはずですが、念のため確認しておいた方が良いでしょう。

その際、年次有給休暇が残っているならば、まずそれを取得してから傷病手当金を受給するのも1つの方法です。傷病手当金が給料の約3分の2なのに対し、年次有給休暇は給料の全額が支給されることが一般的だからです。また申請の仕方により、年休消化中に待機が完成するというメリットもあります。

◉退職後も継続して傷病手当金を受給できる場合がある

場合によっては、休職期間が満了しても怪我や病気が治らず、やむを得ず退職の扱いになることもあり得るでしょう。

そのような場合は、実は退職後も次の①②の条件を満たせば、自分で申請することによって引き続き傷病手当金を受給できることがあります。

① 退職日までに被保険者期間が継続して1年以上ある ② 退職日に傷病手当金を受けているか、受けられる状態にある

例えば6か月間の休職期間中に傷病手当金を受けていて、休職期間満了で退職した後も引き続き同じ傷病で働けない状態が続くのならば、あと1年間は支給を受けられる可

能性があるのです。

ご自身で協会けんぽ、または健康保険組合に申請することになりますが、手続きはそれほど難しくありません。退職時に会社の方に相談してみてください。

3

休職中に年次有給休暇は取得できますか？

◉休職に入る前であれば年次有給休暇を取得できる

年次有給休暇は休暇の一種ですよね。第3章でも説明したように、休暇とは「労働義務がある日に」労働義務を免除されることを言います。ところが、休職中はすでに労働義務を免除されています。つまり、休職中に年次有給休暇を取得することはできません。

ただし、その休職が会社の就業規則に基づき、正式に発令されたものでない場合は別です。実態として、連続した欠勤が黙認されているようなケースにおいては、年次有給休暇を取得する余地があると考えられます。

また休職中には取得できなくても、休職に入る前であれば年次有給休暇を取得することができます。年次有給休暇を取得している間は欠勤扱いにはならないので、休職命令を発令されることはないはずです。

◉いつ年休を取得するべきか？

年次有給休暇をいつ取得するかは、従業員が自由に決めて良いことです。では、いつ取得するのがいいのでしょうか？

休職前に年休残日数をすべて消化してしまうと、復職した時に使えなくなります。逆に万一、休職期間満了で退職になった場合には、残日数はムダになってしまいます。ですから、どのように取得すればお得かはケースバイケースなのですが、可能であれば傷病手当金の待機の３日間には年次有給休暇を充てると良いのではないかと思います。

では、休職中に年次有給休暇の付与日がきた時に、付与はされるのでしょうか？

年次有給休暇は付与日の直前1年間の出勤率が８割ないと付与されません。出勤率の算定上、休職期間が出勤したものとして扱われるかどうかは、就業規則の定めによります。もし記載がない場合は、会社に確認しておきましょう。

◉休職中は療養に専念しよう

なお私傷病休職の目的は、一定期間、在籍のまま労働義務を免除し、治療に専念して怪我や病気を治し、再び復職してもらうことにあります。もし休職期間が満了しても怪我や病気が治らず、復職できない時には「自然退職となる」旨が多くの会社の就業規則に規定されています。ですから休職中は必要な通院、服薬等を怠らず、療養に専念して復職を目指しましょう。まとまったお休みだからといって、海外旅行に行ったりするのは適切ではありません。ただし体調の許す範囲で、自宅や図書館などでスキルアップのための勉強などをするのは良いかもしれません。

また、休職中は定期的に会社と連絡を取る必要があります。事前に電話・メールなど、連絡方法と頻度を確認しておきましょう。傷病手当金の申請書類のやり取りなどもあるので、月に1回ぐらいが適切ではないでしょうか。この時に、回復具合なども会社に伝えると良いでしょう。

なお、休職期間中は通常無給になりますが、住民税や社会保険料の本人負担分は会社に納めなければなりません。その支払い方法も確認しておきましょう。

4 病気が治って復職したい時はどうすれば良いですか？

●まずは主治医の診断書を添えて復職を申出よう

休職中に療養に専念し、病気などが治って職場復帰が可能になったならば、主治医の労務可能の診断書を添えて、会社に復職を申し出ましょう。その際、会社指定の書式が用意されている場合は、確認のうえ、それを使用してください。

復職が可能かどうかの判断は会社の就業規則によりますが、「主治医の診断書を参考にしつつ、産業医の意見を聞いて会社が判断する」という規定になっていることが多いと思います。場合によっては、会社が指定する医師の診断書の提出を求められることがありますので、その際は診断書の費用を会社が負担してくれるのかどうかを確認しておきましょう。

会社が「復職不可」の判断をすると退職になってしまいますので、本当に回復しているのであれば、何とか復職を認めてもらいたいものです。

◉完全に回復していなくてもリハビリ出社できることも

休職期間満了時に従来の業務が１００％できる状態になっていなくても、１～２か月間、経過的に軽易な業務を行い、その後に本来の業務に就ける見込があるのならば、「軽易な業務なら労務可能」などの診断書を添えて、その旨を申し出てみましょう。

また、特にメンタル疾患による休職を想定し、職場復帰支援プログラムがある会社も少なくありません。制度の有無を調べてみましょう。

ただ注意点として、リハビリ出社（試し出勤）などを行う場合には名称にとらわれずに、それが勤務（労働時間）なのか、出社訓練なのかはしっかりと確認してください。後者の場合は勤務ではないので、給料は出ませんし、労災保険の適用もありません。

◉万一、退職となる場合は失業給付の手続きも忘れずに

休職期間が満了しても残念ながら病気などが治っておらず、復職できないこともあります。このような時には無理をして復職しようとしても、かえって病気などを悪化させてしまうこともあるので無理をしないでください。いったん退職して引き続き療養に専念し、本当に回復してから、また仕事に就くことを検討した方が良い場合もあります。その際の退職理由としては、通常「休職期間満了による自然退職」となります。その場合、失業給付（基本手当）の受給に関しては、契約期間満了と同様の扱いとなります。給付日数は自己都合と同じですが、一定期間待たされる給付制限はかかりません。ただし、就業規則によっては「解雇」すると規定されている場合もありますので、確認してみましょう。

なお、「傷病手当金と失業給付（基本手当）は同時に両方もらえるのですか？」とよく聞かれますが、これはできません。すでに述べたように、退職後も傷病手当金が受給できる場合がありますが、傷病手当金は「労務不能だから」もらえるものです。これに対し失業給付（基本手当）は「働ける状態にある人が」求職しても職に就けないからも

らえるものですので、傷病手当金と同時にもらうことはできません。

ただし、もし傷病手当金を受給しながら療養して、病気などが回復した後に職探しを始めた場合には、失業給付（基本手当）をもらえる可能性があります。そのため、退職時に交付される離職票などをハローワークに提出し、受給期間延長の手続きを必ずしておきましょう。

おわりに

◉仕事を長く続けるためには「休む」技術が欠かせない

「明日が素晴らしい日だといけないから、うんと休息するのさ」

チャールズ・M・シュルツが生んだ世界的な人気キャラクター、スヌーピーの言葉です。とっておきのチャンスが訪れるかもしれない明日に備えて、しっかり心と身体を休めておくことは大切ですよね。

会社員生活は長期戦です。人生で起きるさまざまなライフイベントと両立させていかなければなりません。また、溜まったストレスを発散させ、リフレッシュすることも必要です。仕事は大切ですが、その他のことを犠牲にして、がむしゃらに走り続けていては、必ず息切れしてしまうでしょう。

そして、仕事を長く続け、効率的に働き、大きな成果を出すためには、正しく「休む」技術が欠かせません。本書では、そのためのテクニックを余すところなくご紹介しました。従業員の皆さんに、正しい知識を身に付けてもらいたいとの思いから、できる限り分かりやすく制度の解説もしています。ですから、経営者や人事労務担当者の方にも、十分に役立つ1冊になったと自負しています。

◉正しく休むためには、会社とケンカしないことも大切

従業員の皆さんは、本書で身に付けた「休む」技術を駆使して、カッコよく会社を休み、仕事とプライベートをスマートに両立してください。

そのために、私から1つ提案があります。それは「会社とはケンカをしないようにしましょう！」ということです。

経営者や人事労務担当者の中には、制度の知識が十分でない方も少なくありません。皆さんが、本書で紹介した各種の制度を利用して休みを申請したとしても、スムーズに話が通らないこともあるかもしれません。その時は「違法だ！　ブラックだ！」とクレームを付けるのではなく、相手は知らないだけなので、正しい知識を「情報提供」し、「確認」を求め、「質問」や「相談」などをしていくのが得策です。会社との関係性

を悪くすれば、仕事を長く続けるという目的が果たせなくなってしまいますからね。

なお、本書で取り上げたテーマのいくつかは、私が配信しているYouTube「社労士の志賀チャンネル」でも動画で分かりやすく解説しています。ぜひ、そちらもご視聴ください。

YouTube「社労士の志賀チャンネル」

最後になりましたが、執筆中、適切なご助言をいただいた、秀和システム編集部に心から感謝申し上げます。ありがとうございました。

本書をお読みいただいた皆さんが、オンとオフのメリハリを付けて、素敵な会社員生活を送り、ご家族ともどもハッピーになれたとしたら、著者として望外の喜びです。

令和6年7月、立川のオフィスにて

志賀直樹

●著者プロフィール

志賀直樹（しが・なおき）

◎特定社会保険労務士、キャリアコンサルタント、産業カウンセラー。社会保険労務士法人ジオフィス代表。
◎1967年生まれ。東京都出身。明治大学商学部卒業後、広告代理店取締役営業部長を経て、2010年に志賀社会保険労務士事務所を開設。2019年に法人化し、社会保険労務士法人ジオフィスを設立。2020年に厚生労働省からの依頼を受け社会保険労務士専用コールセンター専門アドバイザーに就任し、全国の社会保険労務士からの電話相談に対応する。2022年からはYouTube「社労士の志賀チャンネル」にて、労務管理の解説動画を配信中。セミナー、講演実績も多数。

【ホームページ】https://shiga-office.com

●企画協力　ネクストサービス株式会社　松尾昭仁
●装丁　大場君人

正《ただ》しい会社《かいしゃ》の休《やす》み方《かた》
いちばんやさしい
休日《きゅうじつ》・休暇《きゅうか》・休業《きゅうぎょう》・休職《きゅうしょく》ガイド

発行日　2024年11月 7日　第1版第1刷

著　者　志賀《しが》　直樹《なおき》

発行者　斉藤　和邦
発行所　株式会社　秀和システム
〒135-0016
東京都江東区東陽2-4-2　新宮ビル2F
Tel 03-6264-3105（販売）Fax 03-6264-3094
印刷所　三松堂印刷株式会社　Printed in Japan

ISBN978-4-7980-7399-6 C0034